Inhalt

Titel der Originalausgabe: A Children's
Encyclopedia of Horses & Ponies. – Aus dem
Englischen übersetzt von Barbara Blezinger. –
Illustrationen: Gordon King, Eric Rowe,
Frederik St. Ward und Joan Thompson. –
Beratung: Patricia Smyly. – Buchgestaltung:
Bob Scott. – Umschlaggestaltung: Grafisches
Atelier Otto Maier Verlag.

12 11 10   92 91 90

© 1978 by Usborne Publishing Ltd., London
Alle Rechte der deutschen Bearbeitung liegen
beim Ravensburger Buchverlag
Otto Maier GmbH
Printed in Belgium by
Henri Proost, Turnhout,
Belgium.
ISBN 3-473-35515-1

Christopher Rawson · Joanna Spector · Elizabeth Polling

Pferdebuch für Kinder

Alles über Pferde,
wie man sie
pflegt und reitet

Otto Maier Ravensburg

Entwicklung der Pferde

Die Welt der Pferde ist ein interessantes, spannendes Gebiet. Arbeitspferde sind heute zwar meist durch Autos und Lastwagen ersetzt, doch gibt es noch immer viele Aufgaben und Sportarten, für die man Pferde braucht. Pferde sind sanfte, freundliche Tiere, die sich mit Geduld, Erfahrung und viel Zeit leicht ausbilden lassen. Sie werden nicht nur als Reitpferde, sondern auch als Rennpferde, Jagd- und Fahrpferde gezüchtet und trainiert. Außerdem bringt man ihnen schwierige Dressuraufgaben bei und bildet sie zu gewandten Springpferden und für die Teilnahme an Rodeos und Leistungsprüfungen aus.

Pferde und Ponys haben eine lange Geschichte. Noch ehe vor einigen Millionen Jahren die ersten Menschen lebten, durchstreiften Pferde die Welt. Sie sahen aber ganz anders aus als heute. Zuerst jagten die Menschen die wilden Pferde, die in Asien und Europa lebten, zum Nahrungserwerb. Später benutzten sie sie zum Transport und zum Reiten. Im Laufe der Jahrhunderte veränderten Pferde und Ponys das Leben der Menschen: Mit Pferd und Wagen konnte man viel weiter und schneller reisen. Berittene Krieger konnten leicht feindliche Fußtruppen besiegen. Und die Bauern konnten mit Pflügen und Ackergeräten, die von Pferden gezogen wurden, bessere Ernten erzielen. Durch sorgfältige Auswahl und Zucht für verschiedene Aufgaben wurde aus diesen nützlichen Tieren unser Pferd von heute.

Eohippus (Hyracotherium) – das Pferd der Morgenröte

Die ersten, vorgeschichtlichen Pferde waren furchtsam und klein. Sie lebten vor etwa 55 Millionen Jahren in den Wäldern von Nordamerika und Europa. Sie sahen wie Rehe aus, waren aber nur etwa fuchsgroß. Dank ihrer Tarnfarbe konnten sie sich vor den großen Fleischfressern zwischen den Bäumen verbergen. Da ihre Zähne zum Grasfressen nicht geeignet waren, lebten sie von weichen Blättern und jungen Pflanzen. An den Vorderfüßen hatten sie je vier, an den Hinterfüßen je drei Zehen, die jeweils unten einen kleinen, runden Huf hatten. Das war der wichtigste Hinweis für die Entdeckung der Vorläufer unserer Pferde.

Mesohippus

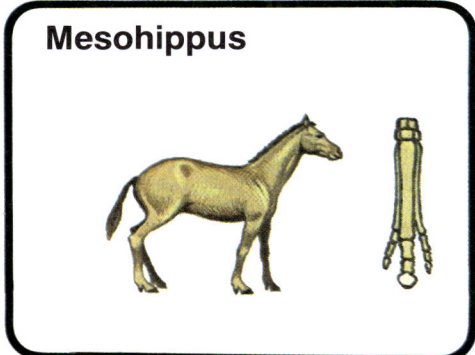

Nach etwa 20 Millionen Jahren hatte sich der Eohippus verändert: Er war etwas größer geworden und hatte an jedem Fuß drei Zehen. Da er nun in offenen Weidegebieten leben mußte, fraß er Gras und er wurde schneller, um seinen Feinden entfliehen zu können.

Merychippus

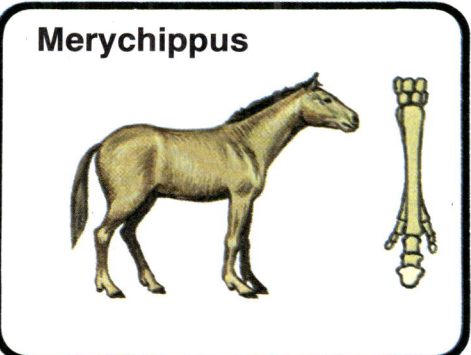

Nach Millionen von Jahren waren die Pferde etwa 1 Meter größer geworden und lebten im offenen Gelände. Noch immer hatte jeder Fuß drei Zehen, doch war der mittlere Zeh größer, und die seitlichen Zehen waren kleiner geworden.

Pliohippus

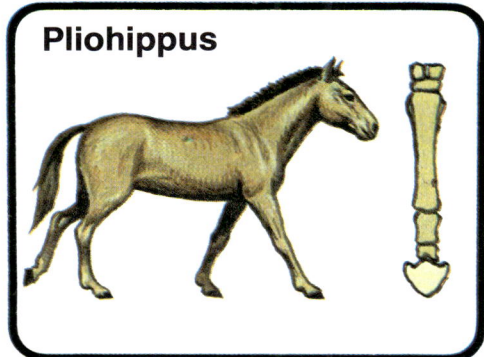

Dieses Pferd lebte vor etwa 5 Millionen Jahren und war das erste richtige Pferd, das an jedem Fuß nur einen Zeh hatte. Es sah schon eher wie unser heutiges Pferd aus, war aber zugleich der Stammvater von Zebras und Eseln.

Die Zähmung

Jahrtausendelang hatte der primitive Mensch in Europa Pferde als Fleischnahrung gejagt. Vor etwa 4000 Jahren begann er, die Pferde zu fangen, anstatt sie zu töten. Die Volksstämme, die die baumlosen Ebenen Zentralasiens durchstreiften, waren vermutlich die ersten, die Pferde zähmten. Sie hielten die zähen, kleinen Ponys, die dort lebten, in Herden, um Fleisch, Milch und Häute zu gewinnen. Sie lernten auch, die Ponys anzuschirren, so daß sie Lasten ziehen konnten, und begannen, sie zu reiten.

Südlicher Pferdetyp

In Europa und Asien entwickelten sich zwei ganz verschiedene Pferdetypen: Die Pferde in Europa waren feinknochig und hatten glattes, dunkles Fell. Sie waren sehr schnell und den heutigen Araberpferden ähnlich.

Nördlicher Pferdetyp

Im kühleren Klima Nordasiens konnten nur besonders zähe Ponys mit dicker Haut und langem, zottigem Fell leben. Wahrscheinlich sahen sie aus wie das Prschewalski-Pferd oder das hier abgebildete mongolische Wildpferd.

Pferde in aller Welt

Heute gibt es auf der Welt fast 200 anerkannte Pferderassen, die alle vom nördlichen oder vom südlichen Typ abstammen. Die verschiedenen Rassen entwickelten sich im Laufe von Jahrmillionen durch Veränderungen ihrer Umwelt, des Klimas und der Nahrung.

Pferdearten, die sich diesen Veränderungen nicht anpaßten, starben aus. In den kalten Gebirgslandschaften Nordeuropas konnten nur kleine, zähe Ponys überleben. In den warmen Grasebenen lebten größere und schwerere Pferdearten. Und in den heißen, trocke-

nen Gebieten Südasiens entwickelten sich schnelle, leichtgebaute Pferde. Durch jahrelange, sorgfältige Zucht entwickelten sich die Pferde, die wir heute kennen. Hier siehst du einige Rassen, die für eine bestimmte Aufgabe oder Sportart gezüchtet wurden.

Deutsche Reit- und Kutschpferde

Die meisten deutschen Rassen, wie der hier abgebildete Hannoveraner, entstanden aus der Kreuzung des schweren nördlichen Pferdetyps mit leichten, englischen Vollblütern. Eine der beliebtesten Rassen, der Tra-

kehner, stammt von dem englischen Vollblut „Perfectionist" ab. Sie wurden vor allem als Kutschpferde verwendet. Heute sind sie leichter und eleganter gebaut und schneiden in der Dressur, beim Springen und bei der

Military sehr gut ab. Der Oldenburger ist als gutes Fahrpferd bekannt, der Holsteiner wird als Spring- und Dressurpferd geschätzt.

Osteuropäische Pferde

In Polen und Ungarn entwickelten sich die Pferde ähnlich wie in Deutschland, nur wurden mehr Araberpferde eingekreuzt. Die meisten Pferderassen gibt es in der Sowjetunion, weil Klima und Landschaften in diesem

großen Land sehr vielgestaltig sind. Die Ponys dort sind sehr zäh, ausdauernd und anspruchslos. Viele russische Pferde, wie auch dieser Achal-Tekkiner, werden für Trabrennen gezüchtet.

Pferde in den USA

Alle Pferderassen in den USA stammen von europäischen Pferden ab, die mit den frühen Siedlern über den Atlantik kamen. Die Farmer im Süden verwendeten das Tennessee-Walking-Horse (siehe Bild), dessen besonderer Rennschritt geschmeidiges Reiten ermöglicht. Die lebhaften Criollos in Südamerika, die zum Viehhüten verwendet werden, stammen von Pferden ab, die die Spanier nach Mexiko brachten.

Südeuropäische Pferde

In Südeuropa lebt eine sehr schöne und weit-
verbreitete Pferderasse mit kurzen Beinen,
kräftigem Rumpf und grauem Fell. Dazu gehören in Spanien und Portugal das andalu-
sische Pferd, das du hier siehst, die berühmten Lipizzaner und die Camargue-Pferde in
Südfrankreich. Sie alle sind eng mit den alten
Berberpferden verwandt, die vermutlich von
den vordringenden Arabern nach Spanien
gebracht wurden. Diese Pferde eignen sich
besonders für die Hohe Schule, die im 17.
Jahrhundert in Wien aufkam und bis heute
fortgeführt wird.

Englische Vollblüter

Diese edlen Pferde entstanden aus der Kreuzung
zwischen britischen Ponys des nördlichen Typs und
Berber-, Türken- und Araberpferden des südlichen
Typs. Das englische Vollblut ist ein vollkommenes
Rennpferd und ein ausgezeichnetes, gut gebautes
Reitpferd mit guter Balance und Färbung. Wenn sie
mit Halbblütern und Arabern gekreuzt werden,
entstehen gute Jagd- und Springpferde.

Kaltblüter

Dank des milden Wetters und des
saftigen Grases entwickelten sich
in Deutschland, Frankreich und
Holland schwere Pferde. Sie sind
eine große, kräftige Art des nördlichen Typs und entstanden durch
sorgfältige Zucht der größten Tiere.
Früher waren sie Kriegspferde und
wurden von Rittern als Kavalleriepferde verwendet. Zu den modernen
französischen Rassen gehören der
Percheron und der Bretone.
Schwere Pferde wurden gern in der
Landwirtschaft verwendet. Das hier
abgebildete Shire-Pferd ist in Großbritannien noch immer beliebt.

Transport mit Pferd und Wagen

Jahrtausendelang zogen die Pferde Wagen und Kutschen. Zu den ältesten aufgefundenen Wagen gehört die Staatskarosse des ägyptischen Knabenkönigs Tutenchamun, der vor über 3000 Jahren lebte. Im Laufe der Jahrhunderte wurden Wagen und Kutschen immer bequemer und schneller. Nur mit Pferden konnte man schnell reisen oder schwere Lasten befördern – bis im vorigen Jahrhundert die ersten Eisenbahnen verkehrten und bald darauf Fahrzeuge mit Verbrennungsmotoren entwickelt wurden und rasch Verbreitung fanden.

Kutschen

Die schnellsten Post- und Passagierkutschen gab es im 18. Jahrhundert. Sie waren besser konstruiert als andere Kutschen und hatten vor allem eine ausgezeichnete Federung. Auf den Strecken waren in Abständen von etwa 25 km Haltestationen, wo das Vierergespann ausgewechselt wurde. Die müden Pferde ließ man zurück und fuhr mit frischen Pferden zur nächsten Station. Kutschpferde mußten schnell und kräftig sein, konnten aber für diese schwere Arbeit nur etwa drei Jahre eingesetzt werden. Kutschen, wie die hier abgebildete, gab es in ganz Europa; am schnellsten waren die englischen.

Streitwagen

Solche griechischen Streitwagen verwendete man bis etwa 700 v. Chr. in Gefechten. Später benutzte man sie zur Jagd oder bei Wagenrennen, die spannend, aber sehr gefährlich waren.

Bauernfuhrwerke

Seit dem 14. Jahrhundert gibt es solche Bauernkarren, vor die man mehrere Pferde hintereinanderspannen konnte. Zugstränge und Geschirr waren größtenteils aus Schnur.

Gigs

Im späten 18. Jahrhundert wurde das Fahren zum Modesport reicher Herren. In der Stadt und auf ihren Gütern fuhren sie solche leichten, zweirädrigen Wagen.

Das Geschirr

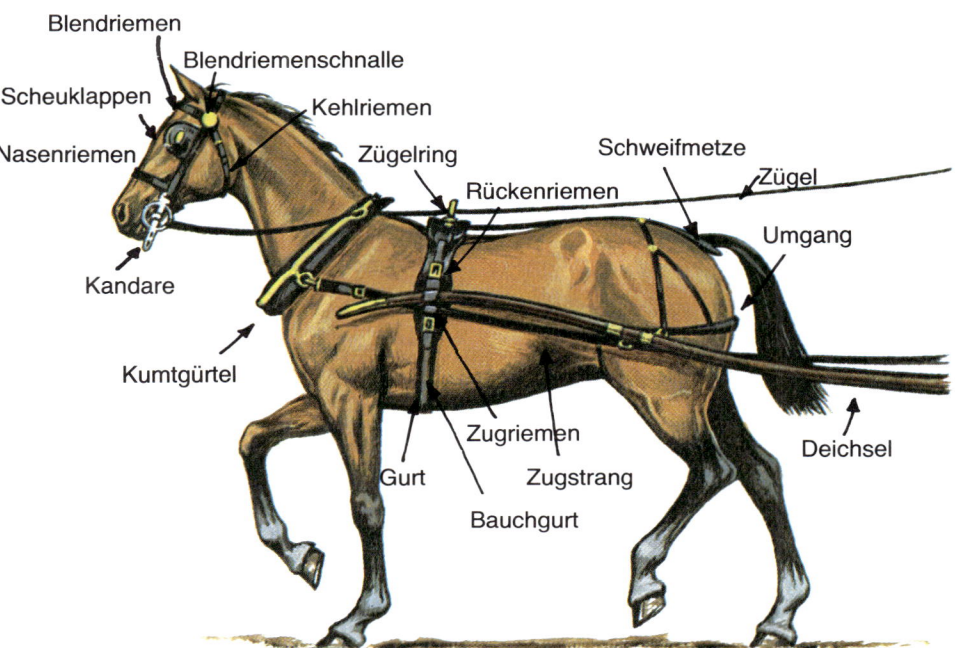

Blendriemen
Blendriemenschnalle
Scheuklappen
Kehlriemen
Nasenriemen
Zügelring
Schweifmetze
Zügel
Rückenriemen
Umgang
Kandare
Kumtgürtel
Zugriemen
Deichsel
Gurt
Zugstrang
Bauchgurt

Ein Geschirr sieht verwirrend aus, aber jedes seiner Teile ist so konstruiert, daß das Pferd bequem ziehen und der Fahrer es gut unter Kontrolle halten kann. Am wichtigsten sind das Kumt, das genau passen muß, und die Zugstränge, mit denen das Pferd den Wagen zieht. Die Deichseln, die das Fahrzeug gegen Umkippen sichern, sind durch Schlaufen am Bauchgurt geführt. Der Umgang liegt um die Oberschenkel und ist an den Deichseln oder den Zugriemen befestigt. Dadurch wird der Wagen beim Verlangsamen oder steilen Bergabfahren zurückgehalten.

Planwagen

Mit solchen Planwagen zogen die Siedler in den Westen Nordamerikas. Die Wagen wurden von Pferden oder Ochsen gezogen und enthielten das gesamte Hab und Gut der Familien.

Kremser

Das ist ein Kremser. Er wurde vor hundert Jahren zu Ausflügen benutzt. Auf großen Gütern beförderte man damit die Teilnehmer an Jagdgesellschaften und ihre Bediensteten mit den Gewehren. Später benutzte man die Kremser für öffentliche Besichtigungsfahrten.

Pferde im Kriegsdienst

Wohl schon seit die Menschen reiten, wurden Pferde auch im Krieg eingesetzt. Die Assyrer hatten bereits um 900 v. Chr. berittene Bogenschützen. Sie müssen ihre Pferde sehr gut ausgebildet haben, denn sie brauchten beide Hände zum Schießen. Bis zum Beginn des 20. Jahrhunderts waren dann berittene Soldaten ein wesentlicher Bestandteil der Armeen. Pferde wurden auch zum Transport von Gepäck, Nahrung und Waffen, Kanonen und schweren Geschützen eingesetzt.

1 Römer

Da römische Ritter schwere Panzer trugen und deshalb große, starke Pferde brauchten, wurden solche Pferde gezüchtet. Die Römer ritten ohne Sattel und Steigbügel. Sie mußten daher ihre Pferde mit den Knien unter Kontrolle halten und konnten nur leichte Waffen tragen. Die Ritter waren mit Speer, Schild und Kurzschwert bewaffnet.

2 Tataren

Dieses wilde Reitervolk eroberte im 13. Jahrhundert unter Dschingis-Khan das Land vom Chinesischen Meer bis zur Ostsee. Auf ihren zähen Mongolenponys konnten die Tataren täglich bis zu 130 km zurücklegen. Sie schliefen und aßen sogar im Sattel und waren die ersten, die Trensen und Sättel mit Steigbügeln verwendeten.

3 Ritter

Das Pferd der mittelalterlichen Ritter, das „Streitroß", war sehr groß, ähnlich wie die heutigen Kaltblüter. Im 13. Jahrhundert waren Ritter und Pferde schließlich so schwer bewaffnet und schwerfällig geworden, daß sie in den Kämpfen zwischen Frankreich und England von leichter, schnellerer Kavallerie geschlagen wurden.

4 Kavallerie

Auch im 17., 18. und 19. Jahrhundert hatte die Kavallerie in den meisten Heeren die größte Kampfkraft. Viele der großen Schlachten in Europa wurden von berühmten Befehlshabern der Kavallerie gewonnen, wie dem Schweden Karl XII., dem Preußen Friedrich der Große, dem Franzosen Napoleon und den Engländern Marlborough und Wellington.

Friedrich der Große erkannte als erster Befehlshaber die Bedeutung von guter Ernährung und Ausbildung für Kavalleriepferde. Er ließ „Remonten" bereithalten; das sind Ersatztiere für getötete oder verletzte Pferde. Und er führte Pferde für die Artillerie ein: Die schweren Feldgeschütze wurden von sechs Pferden, paarweise angeschirrt, gezogen. Die Geschütze wurden abgefeuert, dann griff die Kavallerie an.

Hier siehst du britische und französische Kavallerie bei der Schlacht von Waterloo im Jahre 1815. Die Franzosen griffen im Trab an, während die Engländer in die Schlacht galoppierten. Die damals berühmtesten Kavalleriepferde waren Napoleons grauer Araberhengst „Marengo" und Wellingtons Fuchshengst „Copenhagen".

5 Im 20. Jahrhundert

1914 begann der 1. Weltkrieg. Damals gab es bereits Gewehre und Feldgeschütze, die Granaten abfeuerten, und Maschinengewehre, die pro Minute bis zu 800 Kugeln ausstießen. Gegen solche Geschosse konnte man Pferde nicht mehr schützen, und daher wurde die Kavallerie immer mehr durch Panzer und gepanzerte Fahrzeuge ersetzt. Die letzte große Reiterattacke fand im 2. Weltkrieg bei Musilo nahe Moskau statt. Damals fielen innerhalb von zehn Minuten 2000 berittene russische Soldaten.

Heute haben die Armeen keine Kavallerie mehr. Doch gibt es in einigen Ländern noch eine Anzahl berittener Soldaten für offizielle Zeremonien.

Arbeitspferde

Als die Menschen sich vor einigen Jahrtausenden von Jägern zu Ackerbauern entwickelten, töteten sie die Pferde nicht mehr, sondern setzten sie zur Arbeit ein. Im Laufe der Jahrhunderte züchtete man für verschiedene Aufgaben unterschiedliche Pferderassen. Die Pferde übernahmen die Schwerarbeit der Bauern und zogen bis zum 19. Jahrhundert die verschiedensten Fahrzeuge. Noch heute leisten sie einige Arbeiten, die Maschinen nicht tun können. Hier siehst du, was Pferde früher getan haben und oft heute noch tun.

Im 19. Jahrhundert

Das Ziehen der schweren Dampfspritzen der Feuerwehr im 19. Jahrhundert gehörte zu den aufregendsten Aufgaben der Pferde. Diese amerikanische „Dampfmaschine" wird in vollem Galopp zu einem Brand gefahren. Hinter der Spritze steht der Heizer. Er versucht, genügend Dampf zu erzeugen, um an der Brandstelle die starken Wasserpumpen anzutreiben. Die Pferde mußten besonders schnell und kräftig sein.

Schwere Zugpferde

Schwere Zugpferde, wie Percherons, Jütländer oder die hier abgebildeten Shire-Pferde, wurden früher für die Ritter mit ihren schweren Rüstungen als Streitrösser gezüchtet. Da sie so kräftig waren, ließ man sie bald auch Pflüge und – vom Ufer aus – schwere Lastkähne auf Flüssen und Kanälen ziehen. Auch über die Straßen transportierten sie schwere Lasten wie Baumstämme und Kohle. Heute benutzt man dazu Lastwagen. Nur einige Brauereien liefern das Bier in den Innenstädten noch mit Kaltblütern aus. Das Bild zeigt einen der niedrigen, seitlich offenen Brauereiwagen mit gestapelten Fässern.

Beim Krabbenfischen und Bäumeschleppen

Diese für Pferde ungewöhnliche Arbeit ist an der belgischen Küste zu sehen: Ruhige, schwere bretonische Pferde ziehen Schleppnetze durchs seichte Wasser. Sie fangen darin Krabben, die dann in Körbe geladen werden.

Auch im Gebirge sind Pferde nützlich. In den Tiroler Bergen ziehen Haflinger die gefällten Baumstämme über die holprigen Abhänge hinunter, die für Traktoren zu steil sind. Die Fjordpferde in Skandinavien tun ähnliche Arbeit.

Auf den Viehfarmen

Auf den Viehfarmen in Amerika, Australien und Neuseeland werden viele Pferde gebraucht. Meist treibt man mit ihnen Rinder oder Schafe auf eine andere Weide. Manche Rassen, wie das Amerikanische Quarterhorse, sind darauf trainiert, einzelne Tiere von der Herde zu trennen und dem Reiter beim Einfangen zu helfen.

In den Bergwerken

Um 1900 arbeiteten in den britischen Kohlebergwerken über 70 000 Pferde und Ponys; heute gibt es dort nur noch etwa 100. Zähe einheimische Rassen, wie Shetland-, Welsh- und Fellponys zogen die Kohlewagen durch die engen Gänge. Sie wurden vom vierten Lebensjahr an nur unter Tage gehalten, bis sie zu alt zum Arbeiten waren.

Berühmte Springreiter

Die berühmten Springreiter, die man bei Turnieren oder im Fernsehen sieht, scheinen ein aufregendes Leben zu führen. Es kostet aber viel harte Arbeit und Training, bis man zur Spitzenklasse gehört. Berühmte Springreiter widmen ihr Leben völlig dem Reiten und verbringen viel Zeit auf Reisen von Turnier zu Turnier. Sie müssen auch immer wieder geeignete junge Pferde für später suchen und zu Springpferden ausbilden. Die wenigen erfolgreichen Turnierreiter werden dafür allerdings reich belohnt. Hier siehst du einige Reiter, die sich durch Können und Mut ausgezeichnet haben, mit ihren Pferden.

Harvey Smith

Einer der großen Springreiter, hier auf seinem deutschen Pferd „Salvador". Er kaufte sein erstes Pferd für etwa 165 DM und wurde schon kurz darauf ins britische Team geholt. Er nahm an den Olympischen Spielen 1968 und 1972 teil und gewann fünfmal den britischen Grand Prix.

Hartwig Steenken

Ein hochbegabter Reiter, hier auf „Kosmos". Seine größten Erfolge erzielte er jedoch auf der Hannoveraner-Stute „Simona". Mit ihr gewann er 1974 die Weltmeisterschaft und gehörte bei der Olympiade 1972 in München zur Siegermannschaft.

Eddie Macken

Einer der besten jungen irischen Reiter, er hat auf „Boomerang" (siehe Bild) bereits die meisten der großen, europäischen Wettbewerbe gewonnen. Bei der Weltmeisterschaft 1974 war er auf „Pele" Zweiter hinter Hartwig Steenken. Seit 1975 ist er Berufsreiter.

Hinter den Kulissen

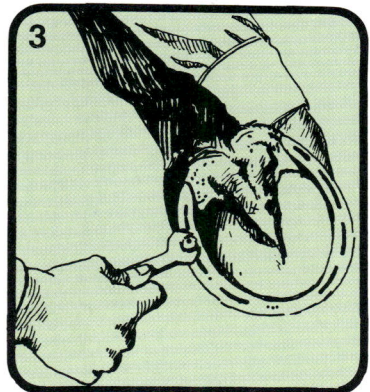

Pferdepfleger reisen mit den Pferden zu Springturnieren, um sie dort zu versorgen. Bei großen Turnieren gibt es meist Holzställe.

Die Pferde müssen sorgfältig aufs Springen vorbereitet werden. Hier werden zum Schutz der Beine Streichgamaschen angelegt.

Bei weichem Boden oder für scharfe Wendungen schraubt man Stollen in die Hufeisen, damit das Pferd nicht ausgleitet.

Auch der Reiter muß sich vorbereiten. Er muß die richtige Startnummer tragen. Der Reiter auf dem Bild schnallt die Sporen an.

Alwin Schockemöhle

Der vierfache Deutsche Meister gewann auf „Warwick Rex" in Montreal 1976 die Goldmedaille. Hier reitet er „Rex the Robber".

David Broome

Einer der elegantesten britischen Reiter, er kann aus jedem Pferd das Beste herausholen. Hier auf „Red A". Er gewann zwei Bronzemedaillen bei Olympischen Spielen, die Weltmeisterschaft 1970 und drei Europameisterschaften.

Rodney Jenkins

Erfolgreichster amerikanischer Springreiter, hier auf „Number One Spy". Hat viele Wettbewerbe gewonnen. Sein berühmtestes Pferd ist der Wallach „Idle Dice".

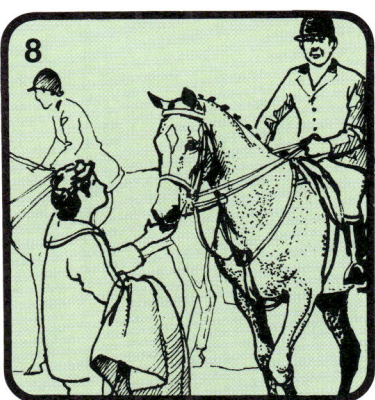

Manche Pferde muß man auf dem Abreiteplatz längere Zeit „abreiten". Andere brauchen weniger Zeit und nur ein oder zwei Übungssprünge.

Vor dem Start muß die ganze Ausrüstung überprüft werden. Hier wird das Gebiß angepaßt und der Gurt angezogen.

Der Reiter führt sein Pferd umher, bis er an der Reihe ist. Wenn es kalt ist, kann er die Decken bis zuletzt aufgelegt lassen.

Nach dem Sprung bekommt das Pferd einen Leckerbissen und eine Decke. Man lockert den Gurt und bewegt es, bis es abgekühlt ist.

Reit- und Springturniere

Turnierreiten ist heute ein Sport für Profis, bei dem es vor allem darum geht, die wertvollen Preise zu gewinnen. Es gibt aber noch einige besondere Wettbewerbe, die jeder Spitzenreiter gewinnen möchte, gleichgültig, wie hoch die Gewinnsumme ist. Die Sieger in diesen Wettbewerben gehören zur absoluten Spitzenklasse. Manche verdienen ihren Lebensunterhalt mit dem Reiten und werden als Berufsreiter geführt. Andere sind Amateure und verdienen ihren Lebensunterhalt auf andere Weise.

Olympische Spiele

Als größter Erfolg für einen Springreiter gilt eine Medaille bei den Olympischen Spielen, die alle vier Jahre stattfinden. Viele Reiter verbringen die Jahre dazwischen mit der Vorbereitung ihrer Pferde. Da dort nur Amateure teilnehmen dürfen, sind viele bekannte Berufsreiter ausgeschlossen. Das Springen ist dadurch aber keineswegs leichter zu gewinnen, denn es herrscht immer große Konkurrenz. Alwin Schockemöhles Siegesritt in Montreal war hervorragend. Hier (auf dem Bild) reitet er „Warwick Rex". Er übersprang als einziger zweimal alle Hindernisse ohne Fehler auf einem der schwersten olympischen Parcours.

Einzelreiten bei der Olympiade 1976

Der Parcoursgestalter muß viele Dinge berücksichtigen: Er will eine Vielfalt von Hindernissen zusammenstellen, mit unterschiedlichen Wendungen und Entfernungen dazwischen. Vom Reiter wird verlangt, daß er beurteilen kann, wie er den Parcours am besten reitet. Das Pferd muß Gehorsam, Biegsamkeit und Springvermögen mitbringen. Hier siehst du den Parcours für den ersten Umlauf bei der Olympiade 1976 und die Schwierigkeiten, die er den Weltklassereitern und ihren Pferden bot.

Weltmeisterschaft

Sie wird ebenfalls alle vier Jahre – jeweils zwischen den Olympischen Spielen – abgehalten, und zwar meist in dem Land, aus dem der letzte Sieger kam. Dabei sind Amateure und Berufsreiter zugelassen, an deren Können große Ansprüche gestellt werden: Die vier besten Reiter müssen nämlich auch die Pferde ihrer drei Konkurrenten reiten. Das bedeutet, daß häufig der Reiter mit dem schwierigsten Pferd gewinnt. Hartwig Steenken auf „Simona" (links) gewann 1974.

Britisches Springderby

Es findet jährlich in Hickstead/Großbritannien statt und unterscheidet sich von anderen Wettbewerben dadurch, daß der Parcours auch natürliche Hindernisse wie Böschungen, Hecken

und Gräben umfaßt. Er ist sehr lang und schwierig und verlangt von Pferden und Reitern viel Kraft und Konzentration. Eines der Hindernisse ist die Derby-Böschung. Hier zeigt Judy Crago

auf „Bouncer" den Abstieg von der Böschung: Sie gleiten herunter und nach etwa zwei Drittel des Abstiegs springen sie. Sie wurden 1976 Zweite hinter Eddie Macken auf „Boomerang".

Europameisterschaft

Dieser recht einfache Wettbewerb hat meist zwei Umläufe, deren Fehlerpunkte addiert werden. Reiter mit gleicher Punktzahl müssen dann noch einmal springen, wobei der schnellste mit den wenigsten Fehlerpunkten gewinnt. Der Wettbewerb findet alle zwei Jahre statt und war bis 1973 für Männer und Frauen getrennt. Sieger war damals Paddy McMahon aus Großbritannien auf „Pennwood Forge Mill" (oben).

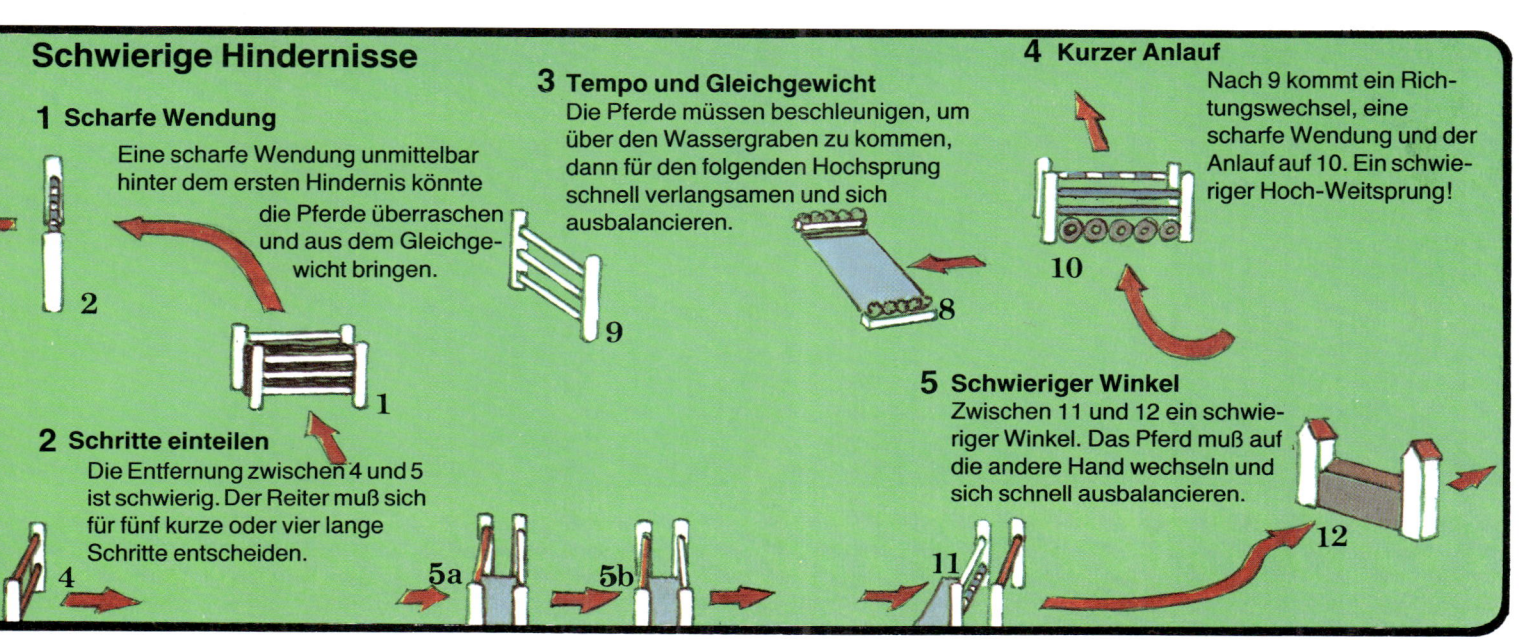

Schwierige Hindernisse

1 Scharfe Wendung
Eine scharfe Wendung unmittelbar hinter dem ersten Hindernis könnte die Pferde überraschen und aus dem Gleichgewicht bringen.

2 Schritte einteilen
Die Entfernung zwischen 4 und 5 ist schwierig. Der Reiter muß sich für fünf kurze oder vier lange Schritte entscheiden.

3 Tempo und Gleichgewicht
Die Pferde müssen beschleunigen, um über den Wassergraben zu kommen, dann für den folgenden Hochsprung schnell verlangsamen und sich ausbalancieren.

4 Kurzer Anlauf
Nach 9 kommt ein Richtungswechsel, eine scharfe Wendung und der Anlauf auf 10. Ein schwieriger Hoch-Weitsprung!

5 Schwieriger Winkel
Zwischen 11 und 12 ein schwieriger Winkel. Das Pferd muß auf die andere Hand wechseln und sich schnell ausbalancieren.

Materialprüfungen

Bei den meisten regionalen und internationalen Turnieren gibt es Materialprüfungen, an denen jeder mit einem geeigneten Pferd oder Pony teilnehmen kann. Es muß ein ebenmäßiges „Gebäude" (gute Proportionen), reine Gangarten und eine ordentliche Beinstellung zeigen, gute Manieren haben und gut ausgebildet sein. Dafür gibt es verschiedene Klassen. Meist werden die Tiere geritten, manchmal aber auch vorgeführt. Bei einigen Prüfungen werden Leistungen wie Dressur oder Springen verlangt.

Fahren

Fahren ist ein beliebtes Hobby geworden. Bei vielen Turnieren gibt es jetzt besondere Fahrwettbewerbe für private Gespanne. Das Pony muß korrekt angeschirrt und das Gefährt hübsch bemalt sein. Ein Schiedsrichter beurteilt die Gangarten und Reaktionen des Ponys. Am elegantesten wirken Hackneys im Geschirr. Mit ihren hohen, anmutigen Schritten scheinen sie über den Boden zu schweben.

Reitponys für Kinder

Diese Wettbewerbe sind meist in drei Klassen eingeteilt: für Ponys bis zu 1,22 m, 1,32 m und 1,42 m und für Kinder bis 12, 14 und 16 Jahre. Der Schiedsrichter gibt Punkte für ein attraktives, gut gebautes Pony mit hübschen Bewegungen und guter Ausbildung. Es muß gute Manieren haben und sicher, gehorsam und zuverlässig sein.

Araberpferde

Araberpferde werden meist an der Hand vorgeführt; das Mähnen- und Schweifhaar ist offen, nie geflochten. Es gibt auch Material- und Eignungsprüfungen für sie. Die Merkmale, die der Schiedsrichter bewertet, sind ein kleiner Kopf, ein kurzer Rücken, geneigte Schultern und gelöste, aber reine Gänge. Alle Araberpferde müssen reinrassig und registriert sein.

Vorbereitungen

Vor dem Wettbewerb gibt es viel Arbeit. Die Ausrüstung muß makellos sauber sein; Gebiß und Steigbügel werden poliert.

Am Morgen des Wettbewerbs wird das Pferd noch einmal geputzt. Dazu gehört auch das Waschen der weißen Abzeichen an den Beinen.

Dann wird die Mähne zu schönen Zöpfen geflochten. Die Zopfenden werden nach innen umgeschlagen und festgebunden.

Aufgeregte Pferde werden 20 Minuten lang longiert, damit sie sich entspannen und in Ruhe warm werden.

Cobs

Das sind kleine, stämmige Pferde bis zu 1,50 m, die keiner bestimmten Rasse angehören. Sie wurden zuerst als Reitpferde für schwere oder ältere Reiter gezüchtet und müssen sehr brav sein. Bei Wettbewerben für Cobs, Hunter und Hackneys steigen die Reiter ab und lassen die Schiedsrichter das Pferd reiten. Hier läßt er es nacheinander in allen Gangarten gehen. Dann betrachtet er es ohne Sattel und läßt es vorführen, um Gänge und Gesamterscheinung zu beurteilen.

Hunter

Kräftige, gehorsame Pferde, die gut galoppieren können. Sie werden entsprechend dem Reitergewicht, das sie beim Jagen tragen können, in Klassen eingeteilt.

Hackneypferde

Elegante Reitpferde mit fast vollkommenem „Gebäude" und vollendeten Manieren. Häufig gibt es Damenwettbewerbe, die im Damensattel geritten werden.

Die Prüfung

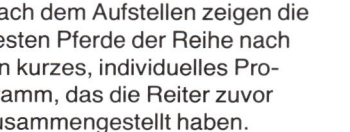

Nach dem Aufstellen zeigen die besten Pferde der Reihe nach ein kurzes, individuelles Programm, das die Reiter zuvor zusammengestellt haben.

Dann sieht sich der Schiedsrichter die Pferde – auch ihre Gesamterscheinung – meist noch näher an. Dazu werden die Sättel abgenommen.

Dann läßt er sich jedes Pferd vorführen, um zu sehen, ob die Gänge rein oder fehlerhaft sind.

Zuletzt gibt der Schiedsrichter sein Urteil ab. Für die Preisverleihung stellen sich Reiter und Pferde noch einmal auf.

Dressur

Dressur ist die Ausbildung des Pferdes zum Reiten: Es wird dadurch gehorsamer und ist leichter zu reiten. Dressur kann aber auch auf anspruchsvollere Aufgaben wie Turnierreiten oder strenge Gehorsamsprüfungen und schwierige Figuren vorbereiten. Das Pferd soll dabei zeigen, daß es sich unter einem Reiter leicht und gelöst bewegen kann und willig auf Kommandos gehorcht. Alles soll natürlich und leicht aussehen, und die Hilfen oder Zeichen des Reiters sollen fast unsichtbar sein.

Es gibt Dressurprüfungen mit unterschiedlichen Schwierigkeitsgraden von Klasse A für Anfänger bis zu Klasse S für Fortgeschrittene. Außerdem gibt es besondere Wettbewerbe, wie den Prix St. Georges und den Grand Prix. Jede Figur wird von drei Schiedsrichtern getrennt bewertet; ihre Punkte werden addiert. Hier siehst du einige berühmte Dressurreiter und ihre Pferde.

Die Piaffe

Das ist eine der schwierigsten Figuren bei der Prüfung für Fortgeschrittene. Sie besteht aus langsamem Trab oder der „Passage" auf der Stelle. Das Pferd tritt dabei von einem diagonalen Beinpaar auf das andere. Das setzt ein gutes Gleichgewicht, Kraft und Konditionsvermögen voraus.

Reiner Klimke

Dr. Reiner Klimke und sein Pferd „Mehmed" gehören in der Dressur zur deutschen Spitzenklasse. 1974 gewannen sie die Weltmeisterschaft und bei der Olympiade 1976 in Montreal die Bronzemedaille. Hier siehst du einen Tempowechsel vom Arbeitstrab zum versammelten Trab. Selbst geringe Änderungen des Tempos müssen deutlich erkennbar sein und genau an der richtigen Stelle stattfinden, ohne Rhythmus oder Gleichgewicht des Pferdes zu stören.

Christine Stückelberger

Christine Stückelberger ist eine junge Schweizer Reiterin, die 1976 in Montreal die Goldmedaille gewann und damit in die Spitzenklasse aufstieg. Hier siehst du sie bei der Olympiade im starken Trab auf „Granat", einem großen Holsteiner aus deutscher Zucht. Christine begann mit 13 Jahren zu reiten, ist seither eine begeisterte Reiterin und war schon sechsmal Schweizer Landesmeister. Ihr Trainer ist Georg Wahl, ein Schüler der Spanischen Hofreitschule in Wien.

Die Pirouette

Dafür muß das Pferd ein biegsames Rückgrat und ein gutes Gleichgewicht haben. Es macht um ein Hinterbein, das sich kaum bewegt, im versammelten Galopp eine ganze Drehung um sich selbst. Der Galopprhythmus muß während der ganzen Figur aufrechterhalten werden.

Harry Boldt

Harry Boldt (BRD) war 1976 in Montreal auf „Woyceck" Zweiter. Hier zeigen sie gerade eine Pirouette. Das Gewicht des Pferdes ruht dabei auf der inneren Hinterhand.

Dominique d'Esme

Dominique d'Esme ist eine der erfolgreichsten französischen Dressurreiterinnen. Hier reitet sie „Carioca II" im starken Trab. Diese Gangart ist nicht schneller als andere Trabtempi, aber die Tritte sind länger und niedriger. Der starke Trab ist eine schwierige Gangart, das Pferd braucht dafür einen starken Rücken und kräftige Hinterläufe.

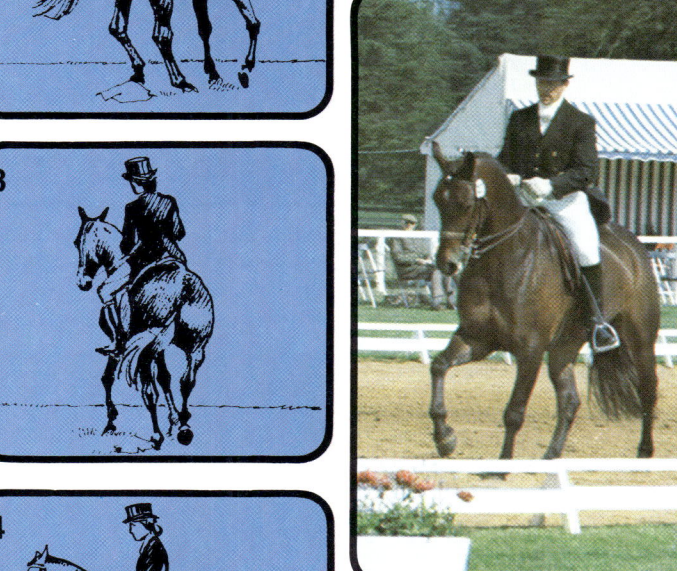

Tonni Jensen

Das ist Tonni Jensen aus Dänemark auf „Fox". Er beendet gerade eine Reihe fliegender Galoppwechsel durch die Bahn.

Jennie Loriston-Clarke

Jennie Loriston-Clarke gehört zu den besten britischen Dressurreiterinnen. Hier siehst du sie bei der Olympiade 1972 in München auf „Kadett". Das Pferd zeigt einen starken Galopp durch die Mitte der Bahn. Bei solchen Figuren muß das Pferd auf einer vollkommen geraden Linie gehen, auch ein Kreis muß vollkommen rund sein.

Military

Sie gehört zu den härtesten und spannendsten Wettbewerben im Pferdesport. Große Veranstaltungen dauern drei Tage; dabei finden drei Prüfungen statt: Die Dressurprüfung erweist, wie gut das Pferd gehorcht und reagiert. Der Geländeritt prüft Stärke, Kondition und Wendigkeit. Bei der Springprüfung schließlich zeigt sich, ob es nach dem anstrengenden Geländeritt noch fit ist und exakt springen kann. Der Wettbewerb geht auf die Kavallerie zurück: Kavalleriepferde mußten gehorsam sein, durchs Gelände galoppieren und jedes Hindernis überwinden können und am nächsten Tag wieder arbeiten. Militarypferde brauchen jahrelanges Training, ehe sie in diesem Wettbewerb antreten können.

1 Dressurprüfung

Bei der Dressurprüfung zeigt sich, ob das Pferd gehorcht und der Reiter die richtigen Hilfen gibt. Am besten wird ein biegsames, ruhiges Pferd bewertet, das sich schnell bewegt und gleichmäßige Gangarten zeigt. Die Aufgaben können bis zu 10 Minuten dauern. Für das Pferd ist die Dressurprüfung schwierig, denn es ist fit und auf den langen Galopp am nächsten Tag vorbereitet, und es muß sich deshalb auf die langsamen, exakten Bewegungen in dem kleinen Dressurviereck stark konzentrieren.

Lucinda Prior-Palmer aus Großbritannien auf „Be Fair" bei der Dressur in Luhmühlen in Deutschland. 1975 gewannen sie die Europameisterschaft.

Hinter den Kulissen

Beim Abschreiten der Strecke muß man auf Hindernisse und Bodenverhältnisse achten, auch dort, wo der Boden unter Wasser steht.

2 Geländeritt

Dieser spannendste Teil der Military besteht aus vier Abschnitten, davon zwei Wegestrecken, auf denen das Pferd im Schritt und im Trab geht. Zwischen den Wegestrecken liegt die Rennbahnstrecke, eine kurze Galoppstrecke mit Hindernissen. Die Querfeldeinstrecke, die zuletzt kommt, stellt Mut, Können und Stärke der Pferde gründlich auf die Probe. Die Strecke kann bis zu 8 km lang sein und hat viele schwierige künstliche und natürliche Hindernisse (Mauern, Böschungen und Wassergräben).

Herbert Blöcker auf „Albrant" auf der Querfeldeinstrecke in Luhmühlen. Er gehörte bei der Olympiade 1976 in Montreal zum deutschen Team, das die Silbermedaille gewann.

Häufig schützt man die Pferdebeine durch Bandagen oder Gamaschen. Eine dicke Fettschicht an den Läufen hilft, glatter über Hindernisse hinwegzukommen.

Die beiden Wegestrecken bilden den längsten Abschnitt. Die Pferde haben Zeit, ein Stück im Schritt zu gehen und sich vor der Querfeldeinstrecke abzukühlen.

Beim Querfeldeinritt ist die Zeit knapp. Die Pferde gehen im Galopp über den Parcours mit den breiten Reisighürden.

In der Zehn-Minuten-Pause vor der Querfeldeinstrecke können sich Pferde und Reiter entspannen und abkühlen. Manche Pferde werden abgewaschen.

Horst Karsten (BRD) auf ,,Sioux" bei einem aufsehenerregenden Sprung auf der Querfeldeinstrecke bei der Olympiade 1972

in München. Sie gehörten zum Team, das die Bronzemedaille gewann.

Bruce Davidson aus den USA auf ,,Plain Sailing" bei der Olympiade 1972 in München. 1974 wurde er Military-Weltmeister.

Richard Meade auf ,,Wayfarer" beim Sprung über eine Kombination in Crookham in Großbritannien. Bei der Olympiade 1968 in Mexiko gehörte er zur britischen Mannschaft, die die Goldmedaille gewann.

3 Springprüfung

Die letzte Prüfung folgt auf einen anstrengenden Tag mit Galoppieren und Springen. Das Pferd soll jetzt noch frisch und geschmeidig über den Parcours mit den Hindernissen springen.

Das Bild zeigt Prinzessin Anne auf ,,Doublet" beim Springen in Badminton/Großbritannien. Sie gewann 1972 die Europameisterschaft und gehörte zur britischen Siegermannschaft.

Alle Reiter werden vorher und nachher gewogen, ob sie das richtige Gewicht haben. Leichte Reiter brauchen mit Blei gefüllte Satteldecken.

Nach der Querfeldeinstrecke wird das Pferd auf Verletzungen untersucht. Man legt ihm eine Decke auf und bewegt es, bis es abgekühlt ist.

Am Morgen des letzten Tages untersuchen Tierärzte alle Pferde. Lahme oder geschwächte Pferde dürfen nicht am Springen teilnehmen.

Die Hindernisse mögen zwar harmlos aussehen, doch sind die Pferde vielleicht vom Vortag noch steif oder unachtsam. Sie werden daher vor dem Springen aufgewärmt.

Andere Pferdesportarten

Einige der spannendsten Sportarten zu Pferd gibt es sicher schon, seit die Menschen angefangen haben zu reiten und zu fahren. Jagdreiten und Polo sind jahrhundertealt; andere, wie Fahrturniere, gibt es dagegen erst seit kurzem. Einige der hier gezeigten Sportarten wurden populär, als die Menschen Pferde nicht mehr nur zur Arbeit verwendeten und mehr Zeit hatten.

Trabrennen

Trabrennen haben sich aus den früheren, sehr gefährlichen Wagenrennen entwickelt. Heute ist das Züchten und Ausbilden der Pferde für den Trabrennsport in vielen Ländern ein wichtiger Geschäftszweig. Die Pferde traben auf speziellen Bahnen und ziehen dabei leichte Wagen, die Gigs oder Sulkys. Wenn das Pferd anfängt zu galoppieren, muß der Fahrer ausscheiden. Es gibt zwei Arten von Trabern: Paßgänger, die die Beine einer Seite jeweils gleichzeitig bewegen, und echte Traber, die die diagonal gegenüberliegenden Beine gleichzeitig bewegen.

Hindernisfahren

Es macht viel Spaß, beim Hindernisfahren, einem der neuesten Fahrwettbewerbe, teilzunehmen oder zuzusehen. Auf der Bahn wird durch zwei Reihen von Markierungssteinen – siehe Bild – ein gewundener Parcours abgesteckt. Zwischen diesen Markierungssteinen soll man nun möglichst schnell hindurchfahren, ohne sie zu berühren. Der Fahrer darf einen Beifahrer mitnehmen, der sich in scharfen Kurven hinauslehnt, um den Wagen im Gleichgewicht zu halten.

Fahrturnier

Bei diesem Wettbewerb ziehen Vierergespanne leichte, vierrädrige Wagen. Es gibt wie bei der Military drei Prüfungsteile, in denen das Können des Fahrers sowie Fitness und Training der Pferde geprüft werden: 1. Vorführung und Dressur. 2. Querfeldeinstrecke mit vielen Schwierigkeiten (siehe Abbildung). 3. Hindernisfahren.

Reitjagd

Jagdreiten ist eine gute Übung für Pferde und Reiter. Sie lernen, in verschiedenen Gangarten durch Wälder und offenes Gelände zu reiten und Hecken, Mauern, Böschungen, Bäche und Gräben zu überspringen.

Hindernisrennen

Diese spannenden Rennen – zu denen auch das berühmte „Grand National Steeplechase" gehört – gibt es seit dem 18. Jahrhundert. Damals ritten die Gutsbesitzer um die Wette von einem Kirchturm zum nächsten. Die dazwischenliegenden Hecken wurden übersprungen.

Polo

Polo ist eine der ältesten Sportarten zu Pferde. Es wurden Aufzeichnungen gefunden, daß es schon vor über 2000 Jahren in Persien ein ähnliches Spiel gab. Die Regeln haben sich seither etwas geändert: Zwei Teams von je vier Reitern versuchen, einen kleinen Holzball von 8,3 cm Durchmesser zwischen zwei Pfosten hindurchzuschlagen. Das Feld ist 274 m lang und 146 m breit. In Europa hat ein Spiel 4 bis 8 Abschnitte von je 7,5 Minuten. Poloponys sind etwa 1,50 m groß und speziell auf Schnelligkeit und die Fähigkeit, rasch zu wenden und anzuhalten, gezüchtet.

Im Rennstall

Die Arbeit in einem Rennstall ist interessant und spannend, besonders wenn eines der Pferde ein großes Rennen vor sich hat. Jeder Rennpferdbesitzer hofft natürlich, daß sein Pferd gewinnt. Die Pferde werden in Rennställen versorgt und trainiert. Ein solcher Stall gehört dem Trainer, der auch die Verantwortung für die Pferde hat und entscheidet, für welche Rennen sie sich eignen. Er stellt für jedes Pferd ein Trainingsprogramm auf, um seine Schnelligkeit und Kraft zu steigern und es für die Rennen fit zu machen.

Ein großer Teil der Stallarbeit wird von jungen Mädchen und Burschen ausgeführt, die auch die Pferde bewegen. Viele von ihnen wollen selbst einmal Jockei werden. Außerdem gibt es einen Stallmeister, der dafür sorgt, daß die Anordnungen des Trainers ausgeführt werden. Bei Rennen hat ein anderer Stallmeister die Verantwortung für die Pferde.

Die Stallungen

Rennpferde leben in Ställen, sogenannten Boxen, die um einen Innenhof liegen. Die Ställe sind groß, stabil, warm und weitgehend frei von Zugluft. Auf dem Boden liegt eine dicke Streu aus Stroh oder Sägespänen, die entlang der Wände höher aufgeschüttet ist, damit sich die Pferde nicht verletzen. Sattelraum, Futterkammer und Misthaufen liegen in der Nähe der Boxen. Am lebhaftesten geht es in den Rennställen morgens zu, wenn alle Pferde, außer den kranken oder verletzten, geritten werden. Meist werden sie von

Tageslauf eines Rennpferds

1 Morgendliche Fütterung

Schon gegen 5 Uhr kommt als erster der Stallmeister, um zu sehen, ob alles in Ordnung ist. Er bereitet die Futterrationen vor, die die Pferde nach dem Tränken bekommen. Dann läßt man die Pferde in Ruhe fressen und verdauen.

2 Satteln und Aufzäumen

Gegen 6.30 Uhr treten die Pferdepfleger ihren Dienst an. Sie misten aus und putzen die ersten Pferde, die dann gesattelt und gezäumt werden, meist mit Trense und Übungssattel. An kalten Tagen legt man ihnen eine kurze Decke auf.

3 Auf der Trainingsbahn

Sobald es hell wird, wird die erste Gruppe von Pferden im Freien bewegt. Die Pfleger werden hinaufgehoben und reiten umher, bis alle Pferde fertig sind; dann gehen die Pferde auf die Trainingsbahn. Das ist eine gepflegte Fläche, die mit Sand, Gras oder Sägespänen bedeckt ist und das ganze Jahr über benutzt werden kann. Dort beobachtet der Trainer die Pferde bei der Arbeit. Sie trainieren meist im Arbeitsgalopp, um Muskeln, Herz und Lunge zu stärken. Kurz vor dem Rennen gehen sie zu einem kurzen Galopptraining über.

5 Abendliche Stallarbeit

Ehe man den Pferden die letzte Ration gibt und eine Decke auflegt, macht der Trainer einen Inspektionsrundgang. Er achtet auf die Verfassung der Pferde und läßt vielleicht die Futterzusammensetzung oder den Tagesplan eines Pferdes ändern.

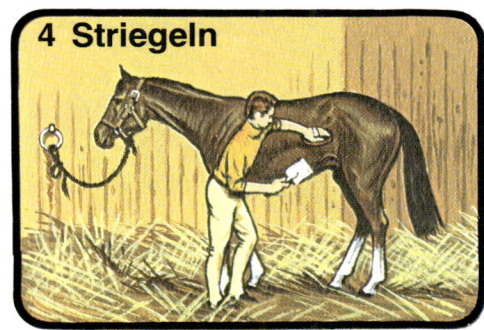

4 Striegeln

den Pflegern bewegt. Manchmal werden sie aber auch von den Jockeis geritten, die die Pferde vor den Rennen noch kennenlernen wollen. Daneben haben die Pfleger die tägliche Stallarbeit zu erledigen: Ausrüstung reinigen, Heunetze füllen, den Hof säubern und Futter vorbereiten. Rennpferde brauchen täglich bis zu vier oder fünf Rationen. Regelmäßig kommt der Hufschmied, um die Hufe in Ordnung zu halten, und der Tierarzt untersucht und behandelt kranke Pferde. Am Nachmittag ist für Pferde und Pfleger meist Ruhezeit.

Gegen 16 Uhr beginnen im Stall die Vorbereitungen für den Abend: Ausmisten, Tränken und Füttern. Dann werden die Pferde gestriegelt, das heißt besonders gründlich gebürstet. Diese Massage kräftigt Muskeln und Kreislauf.

Der Trainer

Diese Abteilung ist gerade auf der Trainingsbahn. Der Trainer gibt für jedes Pferd Anweisungen.

Eingewöhnen

Hier geht ein junges Pferd neben einem älteren, um sich an andere Pferde und an schnelleres Gehen zu gewöhnen.

Pferderennen

Pferderennen gibt es schon, seit der Mensch Pferde zähmt. Die Griechen hielten schon vor über 2500 Jahren Pferderennen ab. Heute gibt es im wesentlichen zwei Arten von Rennen: Flachrennen ohne Hindernisse und Hindernisrennen mit versetzbaren oder festen Hindernissen. Flachrennen finden meist auf Grasbahnen oder gewalztem Boden statt, die Strecken sind 1000 bis 3200 m lang, und die Pferde dafür sind auf Schnelligkeit trainiert.

Hindernisrennen finden entweder auf Flachrennbahnen als Hürdenrennen oder im Gelände als Jagdrennen statt. Die Strecken können über 7000 m lang sein, und die Pferde dafür sind auf Ausdauer und Sprungkraft trainiert.

1 Im Rennbahn-Stall

Die Pferde kommen frühzeitig an der Rennbahn an, um sich vom Transport im Anhänger noch zu erholen. Sie werden streng bewacht; nur Pfleger und Trainer haben Zugang. In den letzten vier Stunden vor dem Rennen bekommen sie kein Futter und kein Wasser mehr.

2 Wiegen und Satteln

Vor dem Rennen wird jeder Jockei mit seinem Sattel gewogen. Dann bringt der Trainer den Sattel zu einer speziellen Sattelbox beim Führring. Etwa 20 Minuten vor dem Rennen werden die Pferde dorthin gebracht, gesattelt und zum Führring hinausgeführt.

3 Im Führring

Die Pfleger führen die Pferde im Führring umher, damit die Zuschauer die Pferde beobachten und entscheiden können, welchem sie die besten Chancen geben. Die Besitzer der Pferde und die Trainer warten in der Mitte des Führrings auf die Jockeis. Auf dem Bild wurde eben das Signal gegeben, daß die Jockeis aufsitzen sollen. Die Decken werden abgenommen und die Sattelgurte enger geschnallt. Wenn alle Jockeis aufgesessen sind, reiten sie zur Rennbahn.

4 Der Start

Das ist der Start eines Flachrennens. Helfer haben die Pferde von hinten in die Startboxen geführt. Wenn ein Pferd nicht hineingehen will, schieben die Helfer von hinten oder verhängen ihm die Augen. Nun steigt der Starter auf die Plattform und hebt die Startflagge. Dann senkt er die Flagge und drückt auf einen Knopf, der die Vordertüren der Boxen öffnet – „das Feld" fegt los.

5 Am Ziel

Wenn mehrere Pferde fast gleichzeitig durchs Ziel gehen, spricht man von einem Kopf-an-Kopf-Rennen. Manchmal ist der Einlauf so knapp, daß der Zielrichter nicht entscheiden kann, welches Pferd gewonnen hat. Dafür gibt es auf den meisten Rennbahnen spezielle Kameras, die von beiden Seiten der Bahn aus Aufnahmen machen, wenn die Pferde durchs Ziel galoppieren. Nach dem Zielfoto bestimmt der Zielrichter dann den Sieger.

6 Im Siegerring

Gleich nach dem Rennen werden die drei Pferde, die als erste durchs Ziel gingen, in den Siegerring gebracht. Die Jockeis sitzen ab und bringen ihre Sättel zur Waage. Die Pfleger legen den Pferden Decken auf und lassen sie herumlaufen und sich abkühlen. Zuletzt wird dem Besitzer des Siegerpferdes der Siegespokal überreicht.

7 Zurückwiegen

Hier wird der siegreiche Jockei vom Wiegemeister „zurückgewogen". Dadurch überprüft man, ob Jockeis und Sättel noch genausoviel wiegen wie vor dem Rennen.

Lipizzaner

Die schneeweißen Lipizzaner der Spanischen Hofreitschule in Wien gehören zu den schönsten und berühmtesten Pferderassen der Welt. Schon seit über 400 Jahren werden sie in den Figuren der Hohen Schule ausgebildet. Jahrhundertelang waren sie wegen ihrer Kraft und der leichten, anmutigen Gänge die beliebtesten Pferde Europas. Ursprünglich wurden sie in Spanien als Kreuzung von Araber- oder Berberhengsten mit einheimischen Pferden gezüchtet. Die Zucht wurde später nur in den königlichen Marställen in Deutschland und Dänemark und im italienischen Hofgestüt in Lipizza (bei Triest, heute in Jugoslawien) weitergeführt. Dort erzielte man die besten Ergebnisse. Die Spanische Hofreitschule in Wien wurde 1735 erbaut, und seither zeigen die Lipizzaner dort die Hohe Schule, außer während des 1. Weltkriegs. Damals kamen fast alle Zuchtpferde um, nur eine kleine Gruppe wurde gerettet. Seitdem werden Lipizzaner auf dem Gestüt Piber in Österreich gezüchtet.

Dies ist der prachtvolle große Saal der Spanischen Hofreitschule in Wien. Er war früher die kaiserliche Winterreitschule und wird von riesigen Kristallkronleuchtern erhellt. Die acht Lipizzanerhengste auf dem Bild zeigen eine traditionelle Quadrille. Sie endet mit dem Remplacer. Dabei kreuzt jedes Pferd ganz dicht den Weg eines anderen, ohne den Rhythmus seiner Gangart zu ändern.

Stuten und Fohlen in Piber

Alle Pferde der Spanischen Hofreitschule werden im österreichischen Staatsgestüt Piber in der Steiermark gezüchtet. Die Fohlen sind bei der Geburt dunkelbraun oder dunkelgrau und werden dann immer heller; nur einige bleiben dunkel. Mit sechs Monaten werden sie von den Müttern getrennt, und mit einem Jahr trennt man Hengste und Stuten. Die eigentliche Ausbildung beginnt, wenn sie vier Jahre alt sind.

Lipizzaner-Brandzeichen

Beschäler	Linie	Muttertier
Pluto	P	
Conversano	C	
Neapolitano	N	
Favory	F	
Maestoso	M	
Siglavy	S	

Lipizzaner kann man an ihren Brandzeichen erkennen. Zuerst hatten die Pferde, die in Lipizza gezüchtet wurden, ein „L" auf der linken Ganache. Heute haben nur Pferde aus Piber dieses Zeichen. Außerdem haben sie auf der linken Hinterbacke ein „P" mit Krone. Diese Buchstaben und Zeichen bezeichnen die Stammlinie des Pferdes.

Ausbildung

Junge Hengste werden sehr behutsam zugeritten, denn sie sind erst mit sieben Jahren
ausgewachsen. Oft arbeiten sie noch im Alter
von mehr als 25 Jahren. Die Pferde werden
zuerst an der Longe und mit Ausbindezügeln
ausgebildet (siehe Bild). Dadurch entwickeln
sie Gleichgewicht und Haltung. Dann beginnt
der Trainer, sie täglich 45 Minuten zu reiten.
Dabei lernen sie die Reiterhilfen kennen und
steigern ihre Schubkraft. Die Ausbildung zu
Wendungen, Seitengängen und Veränderungen der Gangart ist schwieriger.

Figuren „über der Erde"

Zuerst müssen die Pferde die Figuren der
Hohen Schule „auf der Erde" – wie Pirouette,
Piaffe und Passage – beherrschen. Nur einige
Pferde der Hofreitschule sind so begabt, daß
sie auch die Hohe Schule „über der Erde"
lernen können. Das sind besonders schwierige Figuren und Sprünge, durch die das Pferd
früher im Krieg seinen Reiter schützen mußte.
Es konnte sich so im Sprung vom Feind entfernen und gleichzeitig hinten ausschlagen
oder sich auf die Hinterbeine erheben. Dabei
müssen diese einige Sekunden lang das gesamte Gewicht übernehmen. Außerdem
muß das Pferd so kräftig und temperamentvoll
sein, daß es sich, wenn man es zurückhält,
zu einer Pesade erhebt, wie das rechts abgebildete Pferd.

Das Pferd unten zeigt eine Levade; dabei
setzt es sich auf die Hinterhand und zieht die
Vorderbeine an. Andere Figuren über der
Erde sind die Croupade – ein waagerechter
Luftsprung auf der Stelle – und die Courbette,
eine Reihe von Sprüngen auf den Hinterbeinen. Zu den schwierigsten Sprüngen gehören die Ballotade mit waagerechtem Körper
und leicht gestreckten Hinterbeinen und die
Kapriole mit ganz gestreckten, geschlosse-
nen Hinterbeinen. Alle Figuren werden
schwungvoll ausgeführt.

Rodeo

Ein Rodeo ist ein Wettbewerb, bei dem Cowboys ihr Können zeigen: Reiten, Vieh einfangen, mit einem Bullen ringen oder auf einem Stier reiten. Die ersten Rodeos gab es vor etwa 100 Jahren im Westen der USA. Damals kamen die Cowboys mehrerer Viehfarmen nach dem Zusammentreiben des Viehs noch zu einem vergnügten Wettstreit zusammen, bei dem sie ihre Geschicklichkeit maßen. Das Vieh wurde einmal im Jahr zusammengetrieben. Ein Teil wurde verkauft, die Kälber erhielten das Brandzeichen des Besitzers.

Mit dem freien Arm versucht der Reiter, sein Gleichgewicht zu halten. Wenn er irgendeinen Teil des Pferdes mit den Händen berührt, verliert er Punkte.

Ohne Sattel auf halbwildem Pferd

Bei diesem Wettbewerb versucht ein Cowboy, sich mindestens 8 Sekunden auf einem ungesattelten, bockenden Pferd zu halten. Er kann sich nur an einer Lederschlaufe festhalten. Wenn er mit seinen stumpfen Sporen das Pferd oberhalb der Schultern berühren kann, erhält er zusätzliche Punkte.

Die Pferde sind in kleinen Holzpferchen neben der Arena untergebracht. Erst kurz vor ihrem Start erfahren die Cowboys, welches Pferd sie reiten sollen.

1 Ein Kalb wird eingefangen

2

Die Cowboys treiben das Vieh zusammen, fangen die Kälber ein und bringen sie zum Feuer, wo sie das Brandzeichen erhalten. Bei dem Wettbewerb müssen die Cowboys mit dem Lasso möglichst schnell ein Kalb einfangen und an den Beinen fesseln.

Cowboypferde sind darauf abgerichtet, sofort anzuhalten, wenn das Kalb mit dem Lasso eingefangen ist. Das Ende des Lassos ist am Sattelhorn angebunden. Der Cowboy springt vom Pferd und läuft zum Kalb. Das Pferd zieht die ganze Zeit rückwärts, um das Lasso straff zu halten.

Dem Pferd wird direkt vor den Hinterbeinen ein Riemen eng um den Körper geschnallt. Es bockt dann und schlägt aus, um den Riemen loszuwerden.

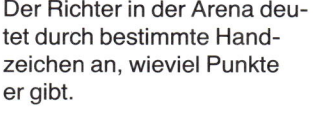

Der Richter in der Arena deutet durch bestimmte Handzeichen an, wieviel Punkte er gibt.

Der Western-Sattel

Da Cowboys den ganzen Tag im Sattel sitzen, muß er sehr bequem und außerdem so stabil sein, daß der Cowboy einen sich wehrenden Stier, den er eben eingefangen hat, am Sattelhorn festbinden kann.

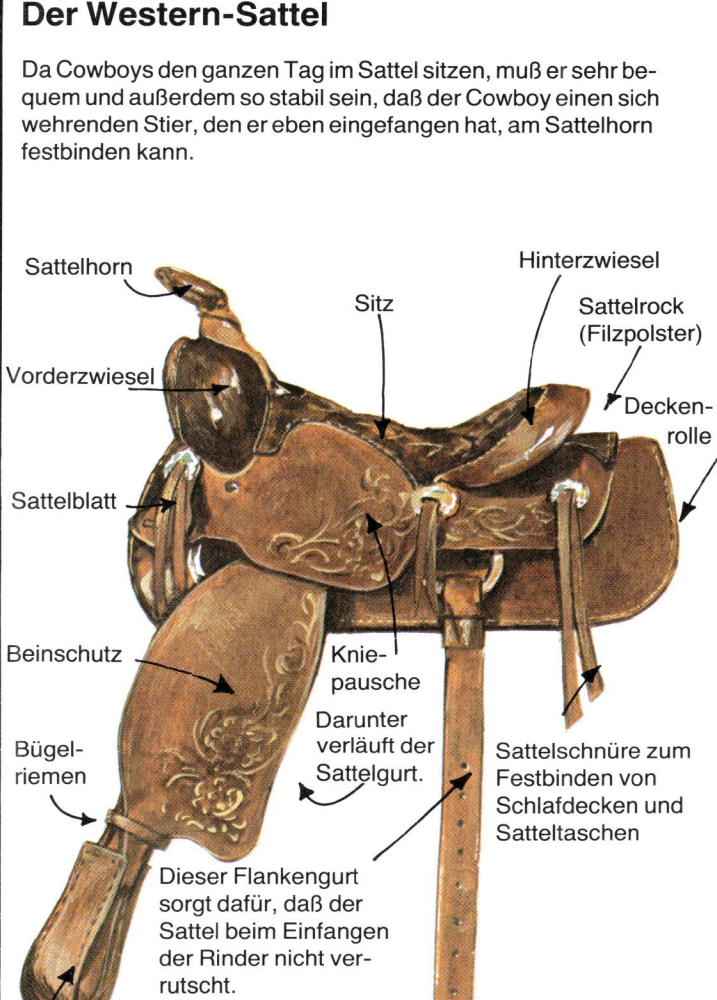

Sattelhorn

Vorderzwiesel

Sattelblatt

Beinschutz

Bügelriemen

Steigbügel

Sitz

Hinterzwiesel

Sattelrock (Filzpolster)

Deckenrolle

Kniepausche

Darunter verläuft der Sattelgurt.

Sattelschnüre zum Festbinden von Schlafdecken und Satteltaschen

Dieser Flankengurt sorgt dafür, daß der Sattel beim Einfangen der Rinder nicht verrutscht.

Manchmal wird das Kalb umgerissen, wenn das Pferd ruckartig anhält, und das Lasso zieht sich eng um seinen Hals zusammen. Sonst hebt der Cowboy das Kalb hoch und wirft es auf die Seite. Zwischen den Zähnen hält er ein Seil, mit dem er dem Kalb die Beine fesselt.

Sobald das Kalb mit zusammengebundenen Beinen daliegt, hebt der Cowboy die Arme. Dann stoppen die Schiedsrichter die Zeit. Die Sieger bei diesen Wettbewerben brauchen manchmal nur knapp 12 Sekunden, um ein Kalb einzufangen, abzuspringen, das Kalb zu Boden zu werfen und seine Füße zu fesseln.

Wildpferde

Bis vor etwa 7000 Jahren gab es nur Wildpferde. Sie lebten völlig frei und ungezähmt in Herden, die von einem Leithengst angeführt wurden. Sie wurden von niemandem gefüttert, geschützt oder versorgt.

Heute gibt es nur noch wenige ganz wilde Pferde. In vielen Ländern leben aber noch Tausende von halbwilden Pferden. Anführer der Herde ist ein Hengst, Stuten und Fohlen sind seine „Familie". Er sucht Nahrung, Wasser und Unterstände für sie und lehrt die Fohlen, wie sie allein überleben können. Er hält auch Wache, um die Herde vor Gefahren – Jägern, aufziehenden Stürmen oder gefährlichen Tieren – zu warnen.

Wenn du das Glück hast, eine Herde von Wildpferden zu sehen, kannst du vermutlich beobachten, daß der Leithengst aufpaßt und seine Herde umkreist, um Gefahren zu wittern, während Stuten und Fohlen sich ausruhen oder fressen. Zu den gefährlichsten Feinden der Wildpferde gehören Löwen, Tiger und andere Großkatzen.

Die meisten Fohlen werden im Frühling und Frühsommer geboren, so daß sie schon etwas kräftiger sind, wenn der Winter kommt. Die wenigen später geborenen Fohlen überleben meist ihren ersten Winter nicht.

Fohlen entwöhnen sich selbst, das heißt, sie hören von allein auf, bei der Mutter zu trinken und fressen statt dessen Gras. Meist bleiben sie bis zum zweiten Frühjahr bei der Mutter. Dann werden sie vertrieben, weil ein neues Fohlen geboren wird.

Der Leithengst duldet keinen anderen ausgewachsenen Hengst in seiner Herde, sondern vertreibt andere Hengste, wenn sie etwa drei Jahre alt sind. Manche von ihnen leben dann allein, die Schwächeren sterben, und einige schließen sich zu reinen Hengstherden zusammen. Irgendwann fordert dann ein besonders starker, junger Hengst den Leithengst heraus. Dabei folgt er der Herde manchmal monatelang und wartet auf einen günstigen Zeitpunkt für den Angriff.

Hengste kämpfen mit Zähnen und Hufen und können einander schlimme Verletzungen zufügen. Manchmal gewinnt der Leithengst und vertreibt den jüngeren Hengst. Aber irgendwann einmal ist er zu alt und schwach und wird entthront. Das klingt zwar grausam; wenn es aber nicht dazu käme, wäre der Leithengst schließlich nicht mehr stark genug, um seine Herde zu schützen.

Die bekanntesten, noch lebenden echten Wildpferde sind die Prschewalskipferde in der Wüste Gobi in der westlichen Mongolei. Sie wurden im 19. Jahrhundert von dem Forscher Prschewalski entdeckt und gelten als reine Abkömmlinge des ursprünglichen nördlichen Pferdetyps.

Eine weitere Wildpferdherde wurde kürzlich in einem bisher unerforschten Tal in Südamerika entdeckt. Man nimmt an, daß sie von den Spaniern im 16. Jahrhundert mitgebracht und kurz danach durch einen Felssturz von der Umwelt abgeschnitten wurden.

Alle halbwilden Pferde- oder Ponyherden haben einen Besitzer. Zwar leben sie fast die ganze Zeit über völlig wild, doch werden sie im allgemeinen einmal im Jahr zusammengetrieben. Jungtieren wird dann ein Brandzeichen in die Haut eingebrannt, das erkennen läßt, wem sie gehören. Bestimmte Tiere werden aus der Herde aussortiert und verkauft oder als Reit- oder Zugtiere ausgebildet.

In Frankreich gibt es die berühmten weißen Pferde der Camargue, der Salzsümpfe an der Rhônemündung. In Großbritannien und Irland leben viele einheimische, halbwilde Ponys: Shetland-Ponys auf den Äußeren Hebriden, Connemara-Ponys in Galway. Außerdem gibt es Welsh-Ponys, Dartmoor-, Exmoor- und New-Forest-Ponys.

In einigen Gebieten von Südrußland, Polen und Ungarn lebt eine halbwilde Rasse, der Tarpan, die es vermutlich schon in der letzten Eiszeit gab.

Auch im australischen Busch, in den Prärien im Mittelwesten und Westen der USA sowie in den Pampas von Südamerika leben Pferde noch wild. 1925 brach ein Mann namens Aime Tschiffley von Buenos Aires nach Washington auf. Für diesen 16000 km langen Ritt brauchte er wirklich zähe, robuste Pferde. Er wählte zwei wilde Criollos, die „Mancha" und „Gato" hießen. Gato war damals 15 Jahre alt und wurde 36 Jahre alt. Mancha war 16 und erreichte sogar 40 Jahre.

Für Pferde und Ponys, die so robust sind, daß sie auch ein wildes Leben im Freien überstehen, ist das viel gesünder als die Haltung durch den Menschen. Bergweiden, Moore und Prärien bieten eine Fülle natürlicher Nahrung. Quellwasser ist viel reiner als Leitungswasser. Außerdem werden Wildpferde nie zu fett, weil sie sich ständig bewegen; das kräftigt auch ihre Beine. Da sie nicht zum Galoppieren und Springen angehalten werden, keine schweren Lasten ziehen oder auf Straßen gehen müssen, leiden sie viel weniger unter Beinverletzungen. Durch die rauhe Bodenbeschaffenheit werden die Hufe ständig auf natürliche Weise abgenutzt und bleiben gesund.

Aber nur wildgeborene Pferde können im Freien überleben. Pferde, wie die Vollblüter, die immer in Gefangenschaft gelebt haben, könnten ohne Fütterung durch den Menschen und den Schutz der Ställe nicht bestehen. Sie brauchen auch die Hilfe der Menschen – den Tierarzt und den Hufschmied. Die Aufzucht durch den Menschen hat besonders schnelle, anmutige und weiche Pferde hervorgebracht, aber Kraft, Ausdauer und Mut stammen von den wilden Pferden.

Du lernst dein Pony kennen

Dein Pony wird sich leichter eingewöhnen, wenn du es täglich zur gleichen Zeit fütterst und auf die gleiche Weise behandelst. Da sich Ponys durch plötzliche Bewegungen und Geräusche leicht erschrecken lassen, solltest du dein Pony ansprechen, ehe du zu ihm hingehst oder es berührst. So lernt es deine Stimme kennen und faßt Vertrauen zu dir. Sei nie grob oder unbeherrscht zu ihm, auch wenn es nicht gleich das tut, was du willst. Gib ihm aber durch den Ton deiner Stimme zu erkennen, daß du unzufrieden mit ihm bist.

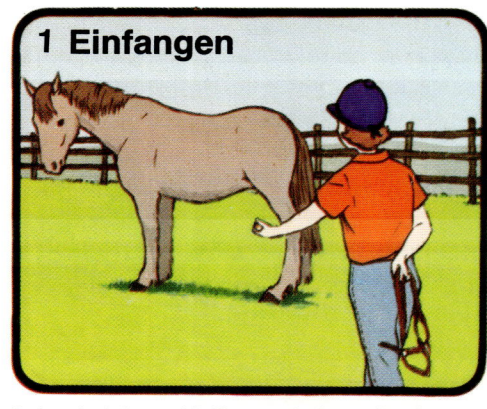

1 Einfangen

Geh mit deinem Halfter und einem Leckerbissen – z. B. einem Stück Möhre – in den Auslauf. (Gatter schließen!). Lebt dein Pony allein, dann rufst du es.

2

Ist es mit anderen zusammen, dann laß den Leckerbissen in der Tasche und geh ihm mit beruhigenden Worten entgegen. Biete ihm mit der linken Hand die Möhre an und streife ihm dabei das Genickstück über.

Größe messen

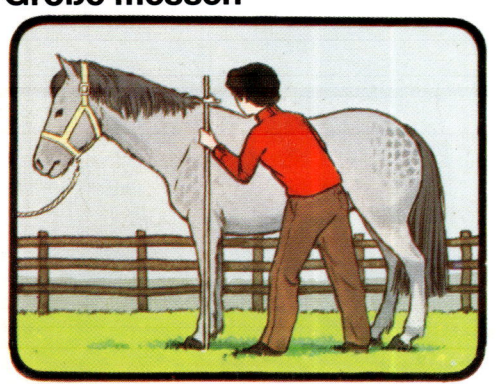

Die Größe des Ponys wird vom Boden bis zum höchsten Punkt des Widerrists in Zentimetern gemessen. Für die Hufeisen zieht man einen Zentimeter ab.

Abzeichen am Kopf

Stern

Schnippe

Blesse

Schmale Blesse

Die Körperteile des Pferdes

Große, freundliche Augen deuten auf einen sanften, aufrichtigen Charakter.

Eine lange, geneigte Schulter ermöglicht bequemes Reiten.

Eine tiefe und breite Brust bietet viel Platz für Herz und Lunge.

Der Ellbogen darf nicht im Rumpf liegen, damit sich das Pony gut bewegen kann.

Genick

Ohr

Schopf

Die obere Halslinie soll länger sein als die untere, damit das Pony gut im Gleichgewicht ist.

Der Widerrist darf nicht zu flach sein, sonst verrutscht der Sattel.

Maul

Nüster

Kinnkettengrube

Ganache

Kehle

Unterhals

Rippen

Unterarm

rechtes Vorderbein

Vorderfußwurzelgelenk

linkes Vorderbein

Ein kurzes Röhrbein ist kräftig.

Fesselgelenk

Fesselbeuge

Kronenrand

Harte, kräftige Hufe

Abzeichen am Bein

Fessel

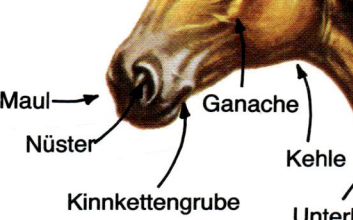

Fuß

3

Während es kaut, legst du das Halfter an. Zur Belohnung gibst du ihm einen freundlichen Klaps und noch einen Leckerbissen, damit es sich auch künftig gern wieder einfangen läßt.

4

So wird der Führzügel gehalten. Dann sagst du „vorwärts" und gehst los. Du solltest neben seiner Schulter gehen können. Übe mit ihm, daß es sich von beiden Seiten führen läßt.

5

Das ist falsch! Wenn man ihnen in die Augen starrt, ziehen Ponys meist nach rückwärts. Dein Pony lernt vorwärtszugehen, wenn du ihm beim Gehen mit einem Stock leicht gegen die Seite tippst.

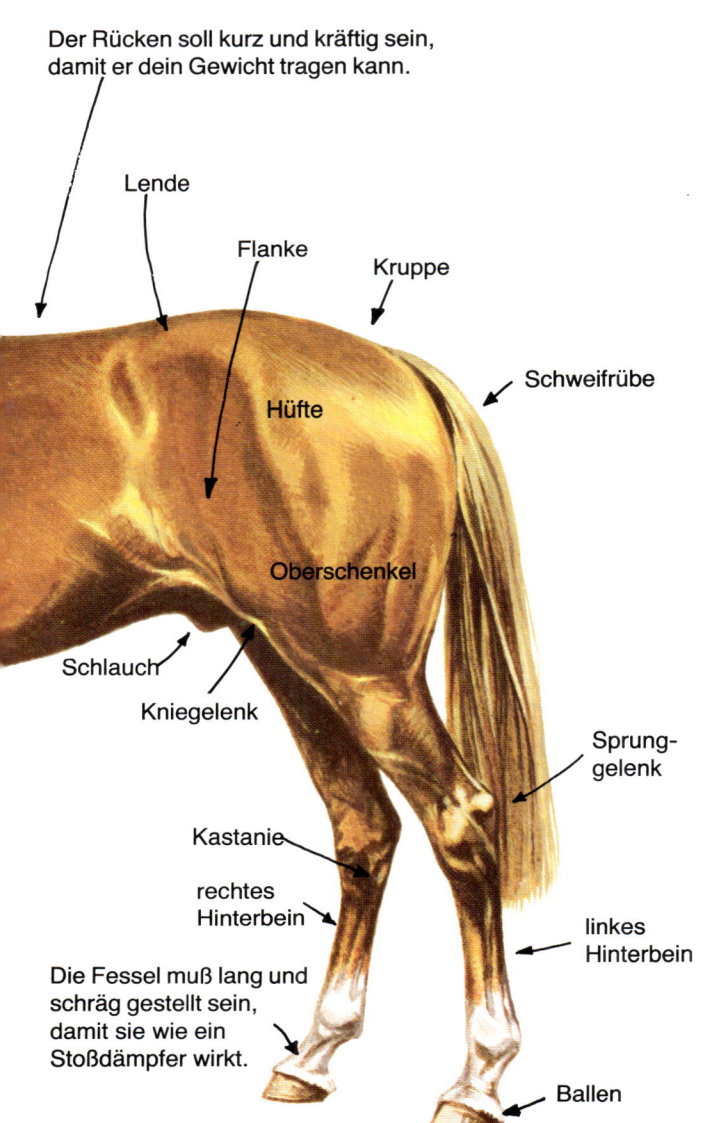

Der Rücken soll kurz und kräftig sein, damit er dein Gewicht tragen kann.

Lende

Flanke

Kruppe

Schweifrübe

Hüfte

Oberschenkel

Schlauch

Kniegelenk

Sprung-gelenk

Kastanie

rechtes Hinterbein

linkes Hinterbein

Die Fessel muß lang und schräg gestellt sein, damit sie wie ein Stoßdämpfer wirkt.

Ballen

Pony-Farben

Rappe   Schimmel   Brauner

Falbe   Isabell   Grauschimmel

Fuchs   Rappschecke   Fuchsschecke

Sattel und Zaumzeug

Die Ausrüstung eines Ponys besteht aus Sattel, Zaumzeug und anderem Zubehör. Sie ist teuer, hält aber viele Jahre, wenn sie sorgsam behandelt und gepflegt wird. Neues oder gebrauchtes Zubehör sollte vor dem Kauf immer anprobiert werden, denn wenn es nicht paßt, wird sich dein Pony nie damit wohl fühlen.

Wenn dein Gewicht den Sattel belastet, muß er passen und darf das Rückgrat des Ponys nicht berühren. Die Sattelwölbung darf aber auch nicht so eng sein, daß der Sattel zu hoch sitzt. Sonst rutscht er hin und her und bringt Pferd und Reiter aus dem Gleichgewicht. Er darf weder vorn auf den Widerrist drücken noch hinten bis auf die Lenden reichen. Am besten kaufst du einen Sattel, den du zum Reiten und Springen verwenden kannst, und eine Trense.

Der Sattel wird auf einem Sattelbock aufbewahrt, das Zaumzeug wird am Kopfstück aufgehängt. Wenn sie länger nicht benutzt werden, sollten sie trocken untergebracht sein. Ein gesatteltes Pony muß immer angebunden sein, damit es sich nicht wälzt und den Sattel beschädigt.

Der Sattel

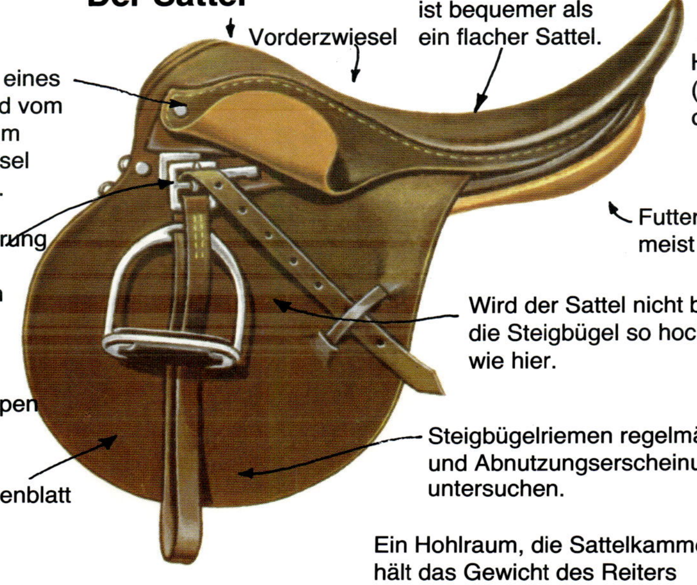

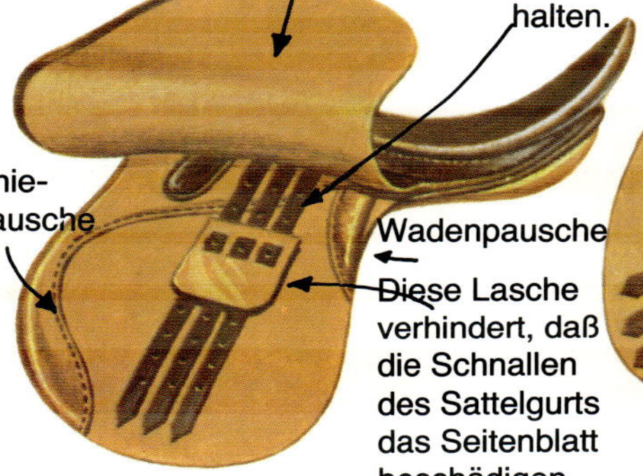

Sattelsitz. Ein Sattel mit tiefem Sitz ist bequemer als ein flacher Sattel.

Vorderzwiesel

Hinterzwiesel (hinterer Teil des Sattels)

Die Größe eines Sattels wird vom Vorder- zum Hinterzwiesel gemessen.

Futter, meist aus Leder.

Steigbügelhalterung aus handgeschmiedetem Stahl. Beim Reiten sollten die Sicherungsklappen geöffnet sein.

Wird der Sattel nicht benutzt, die Steigbügel so hochziehen wie hier.

Seitenblatt

Steigbügelriemen regelmäßig auf Risse und Abnutzungserscheinungen untersuchen.

Ein Hohlraum, die Sattelkammer, hält das Gewicht des Reiters von der Wirbelsäule des Ponys ab.

Auch die Unterseite des Seitenblatts mit Sattelseife geschmeidig halten.

Die Gurtstrippen in gutem Zustand halten.

Kniepausche

Wadenpausche

Diese Lasche verhindert, daß die Schnallen des Sattelgurts das Seitenblatt beschädigen.

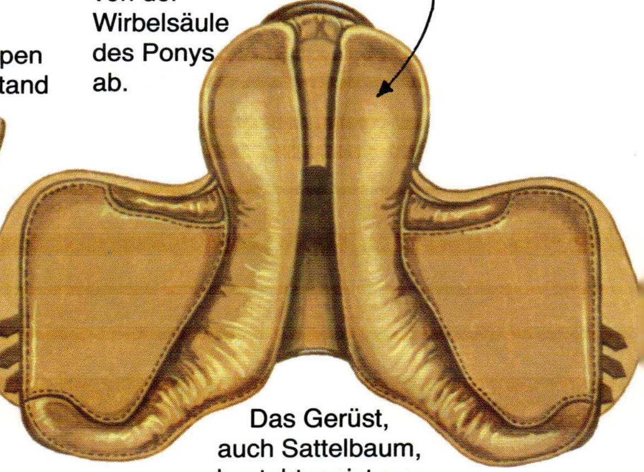

Das Gerüst, auch Sattelbaum, besteht meist aus Buchenholz.

Sattelpflege

Nach jedem Ritt muß der Sattel gesäubert werden: Sattelgurt und Steigbügel abnehmen und den Sattel mit einem feuchten Schwamm reinigen. Nach dem Trocknen das Leder mit Sattelseife einreiben, die Steigbügel polieren, den Gurt säubern und zuletzt alles wieder zusammensetzen. Einmal im Jahr den Sattel vom Sattler überprüfen lassen. Einen neuen Sattel mit Öl einreiben, damit er geschmeidig wird.

Satteln

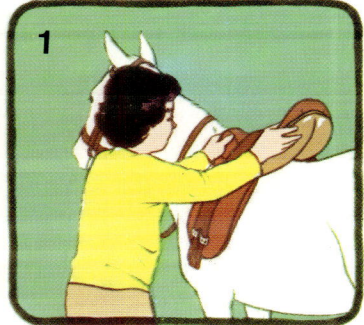

1

Binde das Pony an und streiche die Haare auf seinem Rücken glatt. Dann legst du den Sattel wie im Bild so auf, daß er vorn über den Widerrist reicht.

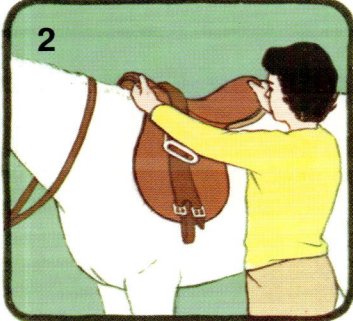

2

Schiebe jetzt den Sattel nach hinten, lasse von der rechten Seite den Gurt herunter und achte darauf, daß Laschen und Schnallen nicht verdreht sind. Von der linken Seite schnallst du nun den Gurt lose ein.

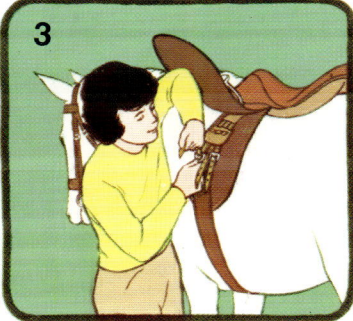

3

Ziehe den Gurt sanft an und streiche die darunterliegenden Haare und die Haut glatt. Manche Ponys blasen sich dabei auf, überprüfe deshalb die Gurte vor und nach dem Aufsitzen.

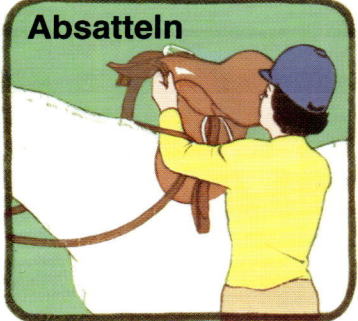

Absatteln

Zuerst werden die Steigbügel an den Riemen nach oben geschoben. Dann öffnest du den Gurt von der linken Seite, hebst den Sattel auf den linken Arm und legst den Gurt über den Sattel.

Sattelgurte

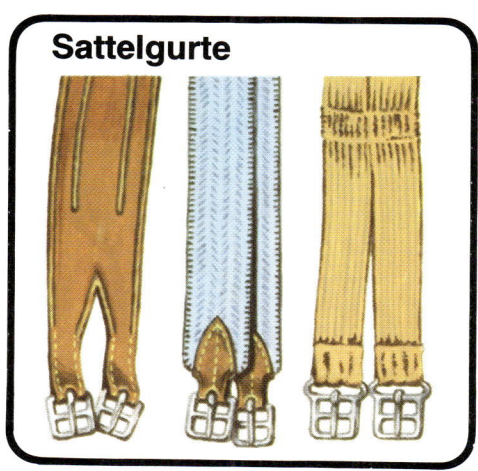

Ein Sattelgurt ist eine Art Gürtel, der dem Pony umgeschnallt wird, damit der Sattel nicht verrutscht. Gute Gurte bestehen aus Nylon, Leinenband oder geschmeidigem Leder.

Der Springsattel

Springsättel haben meist einen sehr leichten Sattelbaum, damit sie möglichst leicht sind. Die besonders geformten Seitenblätter sollen dabei helfen, beim Springen die richtige Haltung einzunehmen.

Das Zaumzeug

(Englisches Reithalfter)

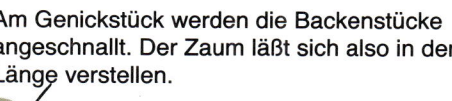

Der Stirnriemen sorgt dafür, daß das Kopfstück nicht nach hinten rutscht.

Nasenriemen aus gepolstertem Leder

Am Genickstück werden die Backenstücke angeschnallt. Der Zaum läßt sich also in der Länge verstellen.

Kehlriemen

Zügel sollten etwa 1,5 cm breit und nicht zu lang sein, sonst bleibst du mit den Füßen darin hängen.

Die Backenstücke müssen auf beiden Seiten gleich lang sein und das Gebiß in Höhe der Maulwinkel halten.

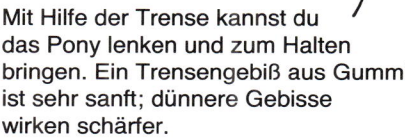

Mit Hilfe der Trense kannst du das Pony lenken und zum Halten bringen. Ein Trensengebiß aus Gummi ist sehr sanft; dünnere Gebisse wirken schärfer.

Zaumzeugpflege

Nach dem Reiten das Gebiß abspülen, damit Futterreste und Speichel nicht antrocknen. Um das Zaumzeug zu reinigen, alle Schnallen öffnen und jedes Teil einzeln säubern, dann alles mit einem Fensterleder abtrocknen und mit einem leicht feuchten Schwamm mit Sattelseife einreiben. Zuletzt alles wieder zusammensetzen.

Gebisse

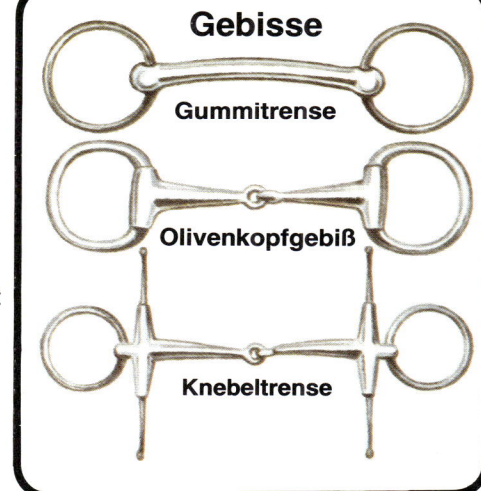

Gummitrense

Olivenkopfgebiß

Knebeltrense

Zaumzeug anlegen

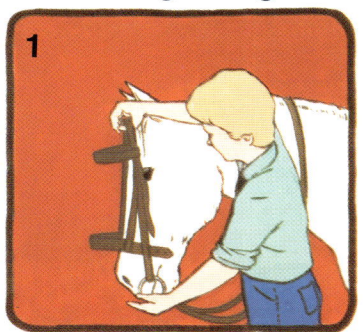

1 Streife dem Pony den Zügel über den Kopf. Halte das Zaumzeug wie auf dem Bild, öffne das Maul mit dem Daumen, schiebe das Gebiß behutsam hinein und hebe dabei das Genickstück über die Ohren.

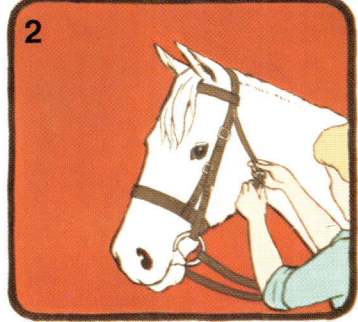

2 Streiche die Mähne glatt und lege den Schopf über den Stirnriemen. Prüfe, ob das Gebiß waagrecht oben über der Zunge liegt und die Maulwinkel berührt, ohne sie nach oben zu ziehen.

3 Dann schnallst du Nasenriemen und Kehlriemen fest. Dabei sollte deine Faust, wie im Bild, unter den Kehlriemen passen. Ziehe alle Riemen ordentlich durch die Schnallen, damit die Enden nicht lose hängen.

Zaumzeug abnehmen

Öffne Nasenriemen und Kehlriemen. Hebe Zügel und Genickstück behutsam über die Ohren. Beim Abzäumen darf das Pony das Gebiß selbst aus dem Maul fallen lassen.

Das richtige Pony für dich

Ehe du ein Pony kaufst, solltest du möglichst viel Erfahrung im Umgang mit Ponys sammeln, damit du genau weißt, welches das richtige für dich ist.

Ehe du ein Pony versorgen kannst, mußt du lernen, womit man es füttert, wie man es auf der Koppel einfängt, wie man es pflegt und aufzäumt.

Jeder, der gern reitet, träumt von einem eigenen Pony. Es macht Freude, sich ein Pony auszusuchen, aber man sollte sich dafür Zeit nehmen.

1 Die Ausrüstung

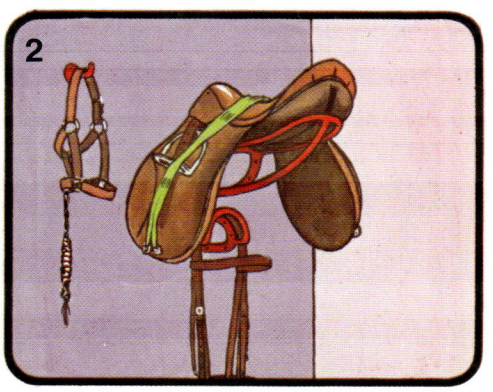

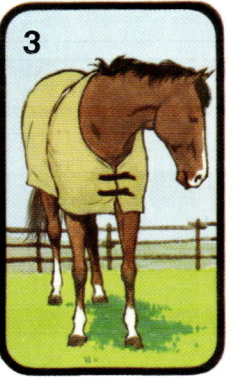

Es ist billiger für dich und besser für das Pony, wenn es auf der Weide gehalten wird. Für jedes Pony sollten etwa 5000 m² gutes Grasland vorhanden sein.

Für das Pony brauchst du Sattel, Zaumzeug und Halfter. Wenn du diese Ausrüstung nicht schon mit dem Pony übernimmst, sollte sie vom Sattler passend angemessen werden.

Zum Überwintern im Freien brauchen manche Ponyrassen eine wasserdichte Decke und zusätzliches Futter. Erkundige dich, wo du Heu und Preßfutter kaufen kannst.

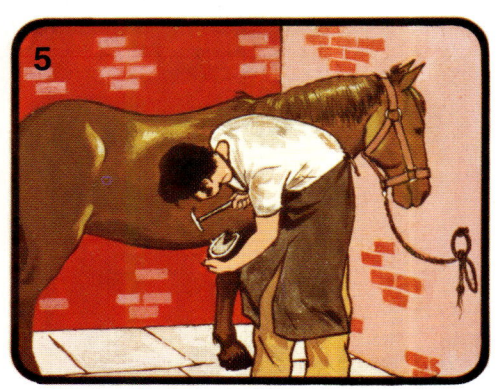

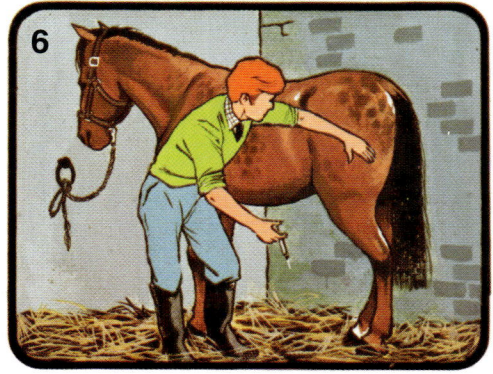

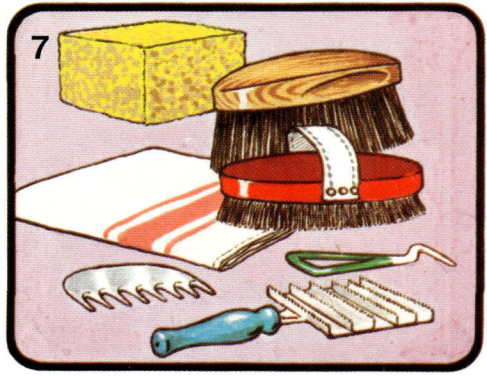

Alle vier bis sechs Wochen sollte ein Hufschmied deinem Pony die Hufeisen abnehmen, die Hufe beschneiden und die abgelaufenen Hufeisen durch neue ersetzen.

Alle acht bis zehn Wochen sollte dein Pony eine Wurmkur machen, und einmal im Jahr sollte es der Tierarzt gegen Husten und Wundstarrkrampf impfen und seine Zähne untersuchen.

Hier sind einige der Gegenstände abgebildet, die du für die Pflege deines Ponys brauchst. Wenn du sie pfleglich behandelst, werden sie lange halten.

Die geeignete Größe

Am besten kaufst du ein Pony, das zunächst noch etwas zu groß für dich ist; dann kannst du es noch reiten, wenn du etwas gewachsen bist. Es darf allerdings nicht zu groß sein, sonst wirst du nicht mit ihm fertig, aber auch nicht zu klein, sonst sitzt du nicht bequem darauf, und es kann dich nicht lange tragen. Willst du an Wettbewerben teilnehmen, so mußt du darauf achten, daß dein Pony die Höchstmaße nicht überschreitet.

Zu großes Pony

Zu kleines Pony

Worauf man beim Pony-Kauf achten muß

Je mehr du vor dem Kauf über ein Pony weißt, desto besser. Am besten kaufst du ein Pony, das für seinen Besitzer zu klein geworden ist, oder eines, das du schon kennst, vielleicht aus deiner Reitschule. Nimm zum Kauf jemanden mit, der etwas von Ponys versteht.

Kaufe nie auf einer Auktion, wenn du das Pony dort nicht reiten kannst. Dein Pony sollte zwischen 6 und 14 Jahren alt und fertig zugeritten sein. Beobachte es in seinem Auslauf: Ist es freundlich und leicht einzufangen? Laß es satteln und reiten und reite es selbst.

Wenn das Pony sich gern reiten läßt und auch im Verkehrslärm ruhig geht, laß es noch von einem guten Tierarzt untersuchen. Kaufe es nur, wenn es ganz gesund ist und du sicher bist, daß es das richtige Pony für dich ist.

Unternehmungen mit dem Pony

Schon das einfache Reiten auf einem gewöhnlichen, ruhigen Pony wird dir viel Freude machen. Außerdem kannst du an Ponyspielen und Rallyes der Ponyclubs teilnehmen. Meist nehmen Ponys gern an Reit-

jagden teil und springen über natürliche Hindernisse wie Baumstämme und Gräben. Die meisten Ponys lernen leicht, auch künstliche Hindernisse bis zu etwa 1 m Höhe zu überspringen. Gute Springponys brauchen

viel Mut, um hohe Hindernisse anzugehen, und sind für Anfänger meist zu temperamentvoll und vor allem zu teuer. Auf einer Ponyschau müssen die Ponys vor allem gut aussehen und sich harmonisch bewegen.

Auf der Weide

Ponys leben gern gesellig, daher solltest du versuchen, die Weide mit einem anderen Ponybesitzer zu teilen. Achte darauf, daß die Ponys dort immer Futter, Wasser und einen Wetterschutz haben.

Die Weide sollte mit einem Balkenzaun, einer dichten Hecke oder mit einfachem Draht eingezäunt sein. Die Drähte müssen ganz straff gespannt sein, und der unterste Draht muß mindestens 50 cm Abstand von der Erde haben. Vorsicht bei Stacheldraht, Ponys können sich daran leicht verletzen! Ponys lieben kurzes, saftiges Gras. Das lange, rauhe Gras, das auf ihrem Mist wächst, mögen sie nicht. Wenn du die Weide vernachlässigst, ist bald alles Gras, das die Ponys mögen, abgefressen, während große Stellen mit langem, unbrauchbarem Gras bedeckt sind. Wenn Ponys die Eier von Würmern fressen, die in Pferdeäpfeln leben, bekommen sie Würmer. Deshalb sollte der Pferdemist regelmäßig entfernt werden. Gut ist es, wenn auf der gleichen Weide auch Kühe grasen: Sie fressen nämlich das von den Ponys verschmähte lange Gras.

Ein Unterstand wie dieser, der nach Süden offen ist, eignet sich gut. Für die meisten Ponys reicht jedoch eine dichte Hecke an der Nordseite der Weide.

Der beste Wasserbehälter ist ein Trog, der sich automatisch füllt, wenn dein Pony trinkt. Er muß regelmäßig gereinigt werden.

Untersuche dein Pony häufig auf Verletzungen. Kratze regelmäßig die Hufe aus und achte auf den Zustand der Hufeisen.

Das Gatter muß stabil sein und einen Verschluß haben, den Ponys nicht öffnen können. Am besten verwendest du zusätzlich eine Kette mit Vorhängeschloß.

1 Zusatzfutter

In der Zeit von Oktober bis Mai ist das Gras spärlich und enthält nur noch wenig Nährstoffe – jetzt braucht dein Pony Heu. Das Heu wird in einem Netz aufgehängt; dadurch wird nicht so viel vergeudet. Pro Tag braucht das Tier, je nach Größe, zwischen 2,5 und 5 Kilo Heu. Füttere nur Heu, das einen aromatischen Geruch hat, denn von verschimmeltem Heu kann das Pony krank werden oder Atembeschwerden bekommen.

2

Wenn ein Pony, das nur Heu erhält, gesund aussieht, braucht es vermutlich kein Zusatzfutter. Wenn dein Pony jedoch hart arbeitet, braucht es zusätzlich Nahrung, zum Beispiel Preßfutter. Es ist bequem zu füttern, aber teuer. Kleine Ponys brauchen davon etwa 1 Kilo pro Tag, größere Ponys bis zu 3 Kilo, die in zwei kleineren Rationen verabreicht werden. Andere Futtersorten findest du auf S. 42/43.

Manche Ponys mögen einen Leckstein mit Salz und Mineralstoffen. Er wird an einen geschützten Platz gestellt.

Ein solcher Balkenzaun eignet sich am besten für eine Ponyweide, denn er ist stabil, und die Ponys verletzen sich nicht daran.

Ponys dürfen nie am Zaun angebunden werden, sie könnten ihn niederreißen, wenn sie erschrecken.

Giftpflanzen

Zaunrübe

Gemeines Kreuzkraut

Eibe

Goldregen

Rhododendron

Tollkirsche

Roter Fingerhut

Kirschlorbeer

Liguster

Gefleckter Schierling

Ehe das Pony hinausdarf, mußt du Weide und Hecken nach Giftpflanzen absuchen, die du dann mit der Wurzel ausreißt und verbrennst. Gefährliche Sträucher oder Bäume müssen eingezäunt werden. Auch Eicheln sind in Mengen giftig, doch fressen die meisten Ponys nicht davon.

Pflege

Trockenen Schmutz mit einer rauhen Bürste abbürsten, aber nicht zu fest, sonst entfernst du das natürliche Hautfett. Mähne und Schweif kämmen, Augen, Nase und Schweifrübe mit einem Schwamm säubern und die Hufe auskratzen.

Bei Kälte

Selbst bei kaltem Wetter kann das Pony im Freien bleiben, wenn es zusätzliches Futter bekommt. Es braucht dann mindestens so viel Futter wie ein Stallpony. Bei Frost mußt du jeden Tag die Eisschicht auf seinem Wasserbehälter entfernen.

Wenn dein Pony teilweise geschoren ist oder kein Winterfell hat, kann es im Winter eine wasserdichte Decke tragen. Sie muß gut sitzen und täglich überprüft werden, damit sie nicht scheuert.

Im Stall

Wenn du viel reitest und dein Pony dazu in guter Verfassung sein soll, hältst du es am besten im Stall. Damit es nicht schwitzt und dadurch an Gewicht verliert, wird das Winterfell geschoren und das Pony mit einer Decke warm gehalten. Es muß aber nicht den ganzen Tag im Stall stehen:

Täglich ein paar Stunden auf der Weide machen es zufriedener und gefügiger. Versuche dich an einen regelmäßigen Tagesplan zu halten, der für dich und dein Pony günstig ist. Hier ein Vorschlag: 7.30 Uhr: Wasser, Futter, ein kleines Netz Heu und Ausmisten. 10 Uhr: Striegeln, Hufe auskratzen,

mindestens eine Stunde Bewegung. 12 Uhr: Kleine Futterration, bis zum Nachmittag auf die Weide. 16 Uhr: Gründliche Pflege, frische Streu. Gegen 17 Uhr: Frisches Wasser und Heu, Abendmahlzeit geben. Vor dem Zubettgehen nachsehen, ob alles in Ordnung ist.

Der Stall

Eine geräumige Box mit geteilter Tür eignet sich besonders gut. Auch ein stabiler Schuppen von mindestens 3 x 4 m mit hohem Dach und einem 1,20 m breiten Eingang erfüllt seinen Zweck. Praktisch ist ein rauher, rutschfester Zementboden, der zur Abflußrinne hin leicht abfallen sollte.

Füttern

Da Ponys für ihre Größe einen kleinen Magen haben, müssen sie wenig, aber oft fressen. Grundfutter ist Heu, es ersetzt den im Stall lebenden Ponys das Gras. Zusätzlich brauchen sie Futter, das ihnen Energie liefert. Die Menge ist bei jedem Pony verschieden.

Gutes Heu riecht aromatisch und fühlt sich spröde an. Verfüttere kein muffiges oder schimmelndes Heu oder Heu, das weniger als 6 Monate gelagert hat. Wird das Pony nicht bewegt, bekommt es weniger Kraftfutter. Achte darauf, daß es vor jeder Fütterung trinken kann.

Kraftfutter

Der wichtigste Bestandteil in der Nahrung eines hart arbeitenden Ponys ist das Kraftfutter, denn es erhält das Pony kräftig und arbeitswillig.

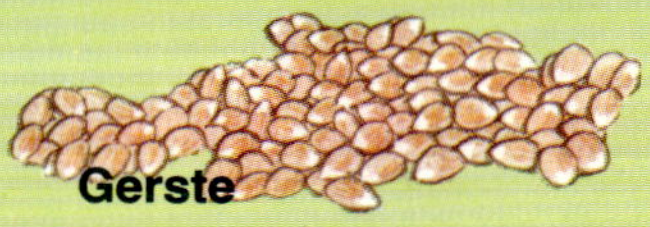

Gerste

Gerste ist sehr nahrhaft, macht aber nicht so temperamentvoll wie Hafer. Zum Füttern werden die Körner gründlich zerquetscht oder 2 bis 3 Stunden gekocht.

Hafer

Zuviel Hafer kann Ponys erregbar und aufsässig werden lassen, daher anfangs nur in kleinen Mengen und gut zerquetscht füttern. Der Hafer muß sauber, dickkörnig und mindestens 6 Monate gelagert sein.

Mais

Mais enthält nicht so viel Eiweiß wie Hafer, sollte aber trotzdem nur in sehr kleinen Mengen gefüttert werden.

Stallpflege

Arbeitsgeräte

Mit einer dicken Lage Streu erhält das Pony ein behagliches, warmes Lager. Am besten eignet sich Weizenstroh, außer für gierige Ponys, die das Stroh fressen und davon dick oder krank werden. Auch Torf oder Papierwolle eignen sich gut.

Jeden Morgen mußt du ausmisten und dabei Pferdeäpfel und nasses Stroh entfernen. Das saubere Stroh in einer Ecke aufhäufen, den Boden schrubben, anschließend wieder einstreuen, das Stroh entlang der Wand etwas höher aufschütten. Bei Bedarf Stroh erneuern.

Kaufe nur Geräte, die du leicht handhaben kannst: einen Korb, um den Pferdemist aus dem Stall zu schaffen; einen Besen, eine Schaufel und mindestens eine Mistgabel, möglichst ohne spitze Zinken (Verletzungsgefahr!).

Zudecken

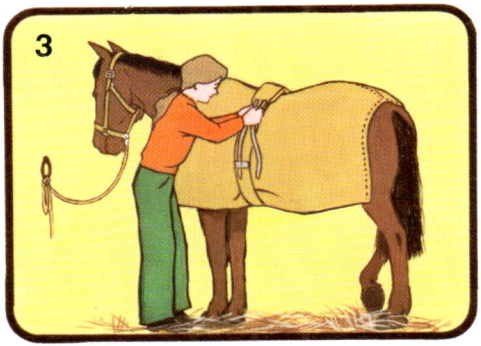

Einem geschorenen Pony legt man im Winter nachts meist eine Jutedecke und ein oder zwei Unterdecken auf, tagsüber im Stall eine Wolldecke, im Freien eine wasserdichte Decke. Und so legt man die Decke auf:

Zuerst die Decke weit nach vorn ziehen und die vordere Schnalle schließen. Dann die Decke von hinten an die richtige Stelle ziehen und prüfen, ob sie auf beiden Seiten glatt herunterhängt.

Lege den Gurt an und schnalle ihn so fest, daß die Decke nicht verrutscht; Falten glattziehen. Um die Decke abzunehmen, den Gurt abnehmen, die vordere Schnalle öffnen und die Decke nach hinten wegziehen.

Ballastfutter

Ballastfutter ist sättigend und bewirkt, daß dein Pony das Kraftfutter nicht zu schnell frißt.

Zuckerrübenschnitzel

Ein beliebtes Ballastfutter. Die Rübenschnitzel müssen vor dem Füttern mindestens 24 Stunden eingeweicht werden.

Häcksel

Das ist Heu, das in der Häckselmaschine zerkleinert wurde. Lieber häufig, aber nur in kleinen Mengen schneiden, Häcksel wird leicht staubig.

Kleie

Die zermahlenen äußeren Schichten des Weizenkorns. Trocken, zusammen mit Hafer oder als Brei ergeben sie ein gutes Ballastfutter. Warmer Kleiebrei ist gut für kranke Ponys.

Preßfutter

Davon gibt es viele verschiedene Sorten. Meist ist es eine fertige Mischung von Kraft- und Ballastfutter, die eine ausgewogene Nahrung bietet. Es gibt auch eiweißarmes Preßfutter, das vor allem aus getrocknetem Gras besteht. Alle Sorten sind praktisch zu lagern und zu füttern. Täglich etwas frisches Grünfutter oder Gemüse unterstützt die Verdauung des Ponys.

Die Pflege

Zur Pflege des Ponys gehören das Abbürsten von Schmutz, damit das Pony
ordentlich aussieht, und das Striegeln,
das die Haut reinigt und massiert
und deinem Pony zu guter Kondition
und Gesundheit verhilft. Ein im Freien
gehaltenes Pony bürstet man nur mit
einer rauhen Körperbürste, sonst zer-
stört man den wasserabstoßenden
Fettfilm auf seiner Haut. Vor dem
Reiten werden die Hufe ausgekratzt.
Wird ein Pony im Stall gehalten, muß es
jeden Tag nach dem Reiten gestriegelt
werden. Dann sind nämlich die Haut-
poren geöffnet und die Schmutzkrusten
lassen sich leicht entfernen.

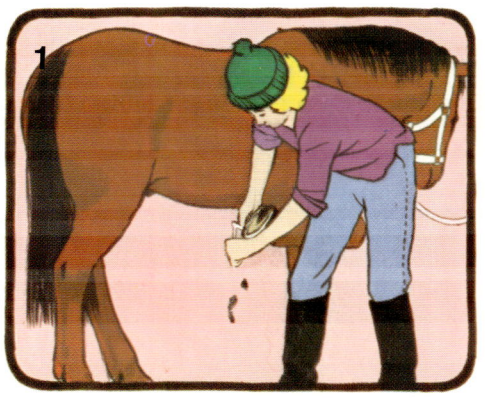

Sprich ruhig zu ihm. Laß deine Hand am Bein
des Ponys hinuntergleiten, hebe den Fuß an
und entferne mit dem Hufkratzer von hinten
nach vorn alles, was sich festgesetzt hat.

An den Hinterbeinen machst du es genauso:
Die Abbildung zeigt, wie der Huf ausgekratzt
wird; dabei darf der empfindliche Strahl
nicht verletzt werden.

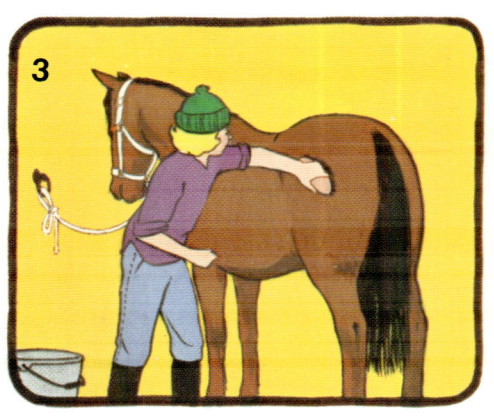

Zuerst Schmutz und Schweißflecken mit der
Schmutzbürste ausbürsten. Mit ihren harten
Borsten bringt man auch die Krusten heraus.
Bürste mit kurzen, kräftigen Strichen, außer an
empfindlichen Körperstellen.

Zum Striegeln nimmt man die Kardätsche
und bürstet mit Druck und kurzen, kreisförmi-
gen Bewegungen. Nach ein paar Strichen
wird die Kardätsche mit dem Striegel
gesäubert.

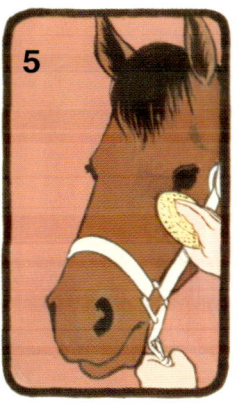

Mit einem feuchten Schwamm oder einem
Wattebausch werden Augen und Nüstern
sorgfältig ausgewischt. Mit einem anderen
Schwamm, der nur dazu benützt wird, machst
du unter dem Schweif sauber.

Lege die Mähne auf die dir abgewandte Seite,
hole dir jeweils ein paar Haare herüber und
bürste sie durch. Bürste den Schweif mit der
Kardätsche, reiße aber keine Haare aus.

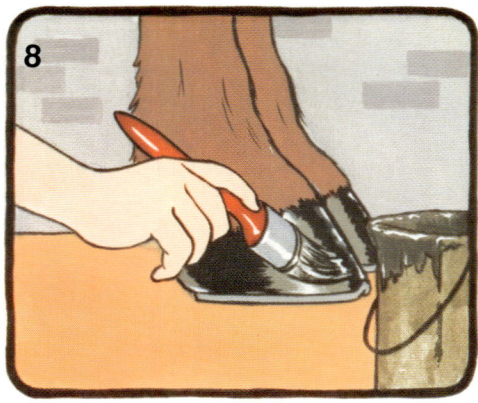

Auf die äußere Hornwand und – nach dem
Waschen und Trocknen – auch auf Sohle und
Strahl wird Huffett aufgetragen. Das sieht
gepflegt aus und schützt die Hufe vor Rissen.

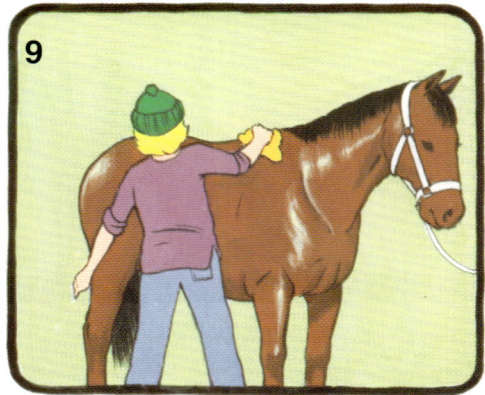

Die Mähne und unordentliche Haare am
Schweifansatz mit einer feuchten Bürste
ordnen. Zuletzt reibst du das ganze Pony mit
einem sauberen Tuch ab, bis das Fell glatt und
glänzend aussieht.

Krankheiten

Die meisten Ponys sind ziemlich widerstandsfähig. Bei guter Pflege und vernünftiger Fütterung bleiben sie normalerweise gesund. Aber Krankheiten und Unfälle können doch vorkommen, daher solltest du wissen, worauf du achten und wann du den Tierarzt rufen mußt. Gesunde Ponys haben ein glänzendes Fell, klare Augen und fressen gut. Achte auf Anzeichen wie Lahmheit, Appetitlosigkeit, stumpfes Fell, Gewichtsverlust oder zu starke Gewichtszunahme. Stelle dir eine Stallapotheke mit Watte, Wundpuder, desinfizierender Salbe und Binden zusammen.

Husten und Erkältungen

Wenn dein Pony Husten bekommt, mußt du es isolieren, damit es nicht andere ansteckt, und den Tierarzt holen. Eine Erkältung dauert etwa 10 Tage, anschließend braucht das Pony mehrere Wochen Schonung.

Halte es warm und gib ihm besonders schmackhaftes Futter, z. B. warmen Brei mit Glyzerin, Honig oder Melasse, der seine Halsschmerzen lindert. Vermeide hartes Futter und Anstrengungen.

Kolik

Das sind manchmal gefährliche Bauchschmerzen, die von ungeeignetem Futter herrühren können. Sofort den Tierarzt rufen und das Pony einstweilen warm und in Bewegung halten.

Hufrehe

Darunter leiden manchmal Ponys, die zuviel fettes Gras fressen. Dabei schwellen empfindliche Stellen an den Vorderfüßen an und entzünden sich so stark, daß dem Pony das Gehen weh tut.

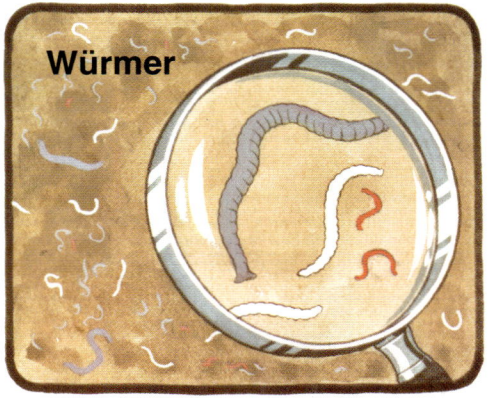

Würmer

Im Körper des Ponys können verschiedene Wurmarten leben, die von seiner Nahrung zehren. Wenn sie in den Blutkreislauf gelangen, wird das Pony mager und krank. Deswegen regelmäßige Wurmkuren.

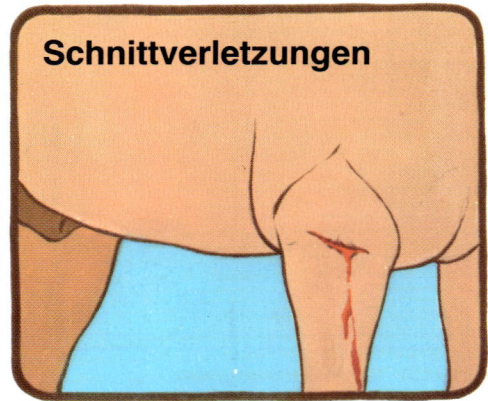

Schnittverletzungen

Kleine Verletzungen mit mildem Desinfektionsmittel und warmem Wasser auswaschen, abtrocknen und mit Wundpulver bestreuen. Tiefe Verletzungen vom Tierarzt nähen lassen.

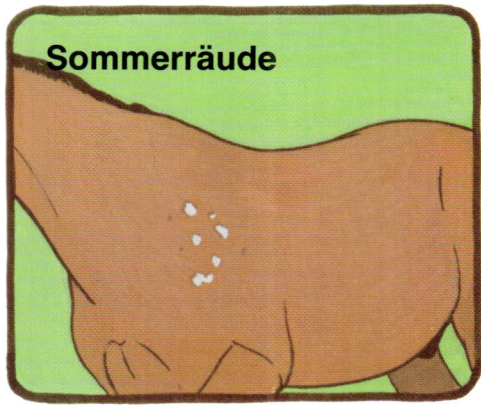

Sommerräude

Eine sehr ansteckende Krankheit, bei der am ganzen Körper kleine, runde, kahle Stellen auftreten. Das Pony isolieren und nur in Gummihandschuhen versorgen. Laß dir vom Tierarzt eine Medizin geben.

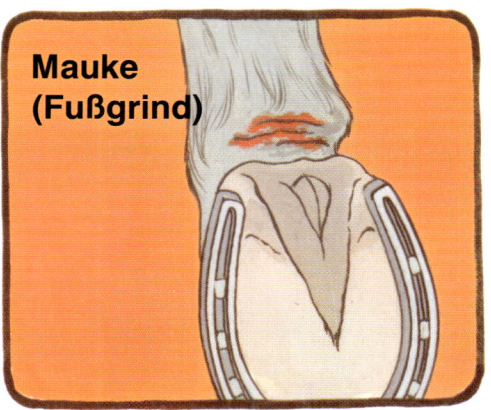

Mauke (Fußgrind)

Mauke kann durch eine nasse Weide oder zu häufiges Waschen verursacht werden. Halte die Stellen sauber und trocken und bitte den Tierarzt um eine geeignete Heilsalbe.

Beim Hufschmied

Wildlebende Pferde müssen nicht beschlagen werden, ihre Hufe nützen sich auf natürliche Weise ab. Bei Pferden, die arbeiten oder auf gepflasterten Straßen laufen, müssen die Hufe dagegen durch Hufeisen geschützt werden. Die harte Hornwand des Pferdehufs wächst im Monat etwa 0,5 cm. Sie muß zurückgeschnitten werden, weil das Pferd sonst lahm werden kann. Dazu nimmt der Hufschmied das alte Hufeisen ab, schneidet das nachgewachsene Horn zurück und paßt ein neues Eisen an.

Ein elektrisches Gebläse hinter der Esse bläst Luft ins Feuer, damit es noch heißer wird.

Der Hufschmied schneidet diese langen Rohlinge in kleinere Stücke und schmiedet daraus Hufeisen.

Wasser zum Abkühlen der heißen Hufeisen.

Hufschmiede schützen ihre Kleidung mit Lederschürzen gegen Abnutzung und sprühende Funken.

Hier wird gerade ein glühendes Hufeisen in die richtige Form gehämmert.

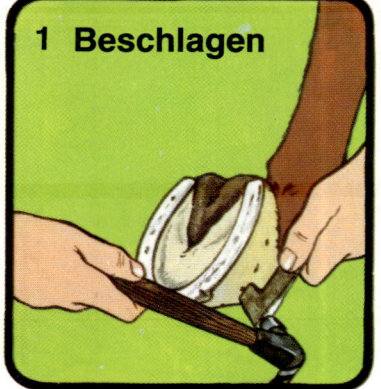

1 Beschlagen

Mit der scharfen Kante des Unterhaus löst der Hufschmied zuerst die Nägel, mit denen das alte Hufeisen am Huf befestigt ist.

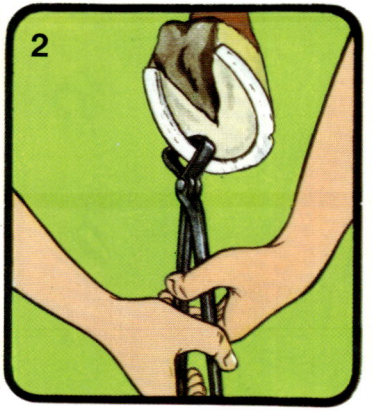

2

Das alte Hufeisen nimmt er mit der Beschlagzange ab; dabei darf er es nicht verdrehen oder die äußere Hornwand beschädigen.

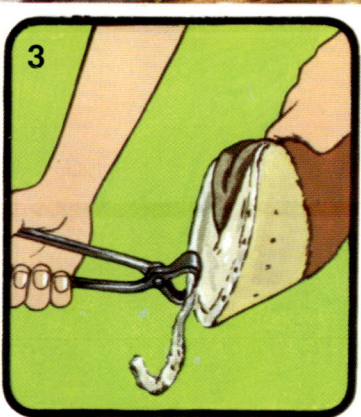

3

Mit der Hufzange und der Hufschere entfernt er das überflüssige Horn, das seit dem letzten Beschlagen gewachsen ist.

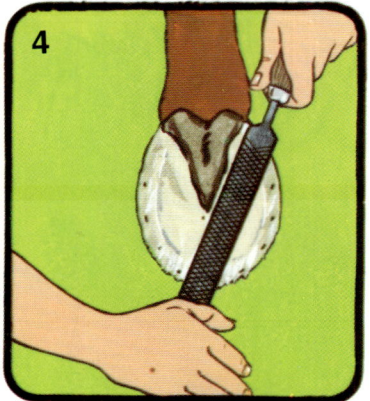

4

Damit der Huf waagrecht steht und das neue Hufeisen gut paßt, raspelt der Hufschmied die Hornsohle gerade.

Die Ausbildung zum Hufschmied ist keine leichte Sache. Lehrlinge müssen jahrelang üben, ehe sie allein Hufeisen schmieden und Pferde richtig beschlagen können.

Hier hält der Hufschmied das Hinterbein des Pferdes mit dem Arm fest und raspelt den Huf zurecht.

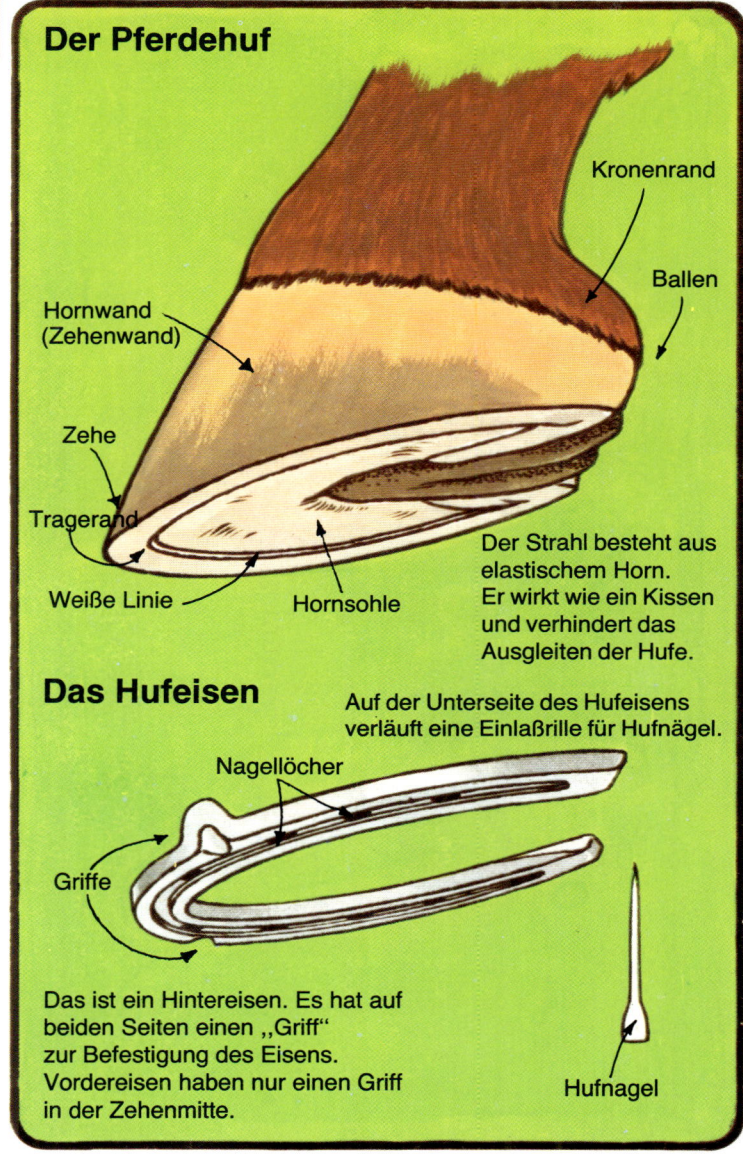

Der Pferdehuf

Kronenrand

Ballen

Hornwand (Zehenwand)

Zehe

Tragerand

Weiße Linie

Hornsohle

Der Strahl besteht aus elastischem Horn. Er wirkt wie ein Kissen und verhindert das Ausgleiten der Hufe.

Das Hufeisen

Auf der Unterseite des Hufeisens verläuft eine Einlaßrille für Hufnägel.

Nagellöcher

Griffe

Hufnagel

Das ist ein Hintereisen. Es hat auf beiden Seiten einen „Griff" zur Befestigung des Eisens. Vordereisen haben nur einen Griff in der Zehenmitte.

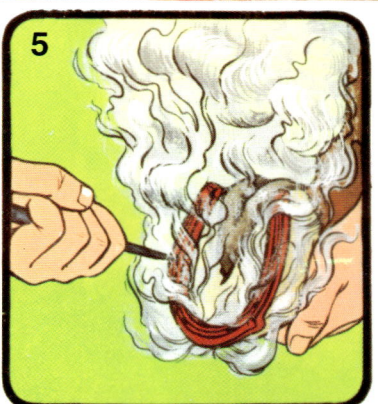

5

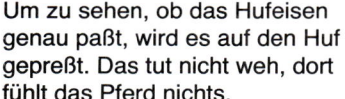

Um zu sehen, ob das Hufeisen genau paßt, wird es auf den Huf gepreßt. Das tut nicht weh, dort fühlt das Pferd nichts.

6

Jetzt wird das neue Hufeisen so aufgenagelt, daß die Spitzen der Nägel etwa 3 cm aus der Hufwand herausstehen.

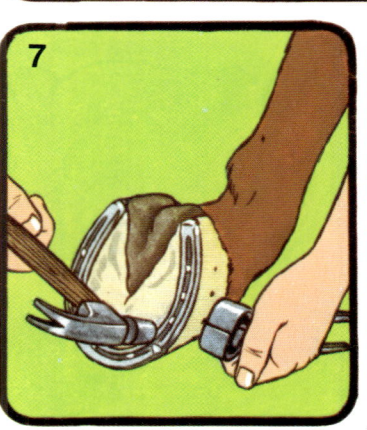

7

Die Nagelspitzen werden abgezwickt, die Nägel von unten fest eingeschlagen und mit einer Zange zu Krampen umgebogen.

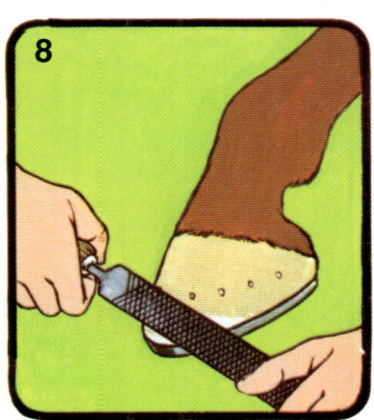

8

Zuletzt raspelt der Schmied die Hufwand und die Nagelenden glatt, damit keine scharfen Enden mehr herausragen.

Im Sattel

Vergiß nie, beim Reiten eine Sturz-kappe zu tragen. Schau vor dem Auf-sitzen nach, ob der Sattelgurt stramm genug sitzt, sonst kann der Sattel wegrutschen. Deine Knie und Ober-schenkel müssen eng am Sattel liegen, damit du sie schnell zusammenpressen und dich dadurch aufrecht halten kannst. Wenn du das gelernt hast, kommst du nicht mehr in Versuchung, dich mit Hilfe der Zügel im Gleich-gewicht zu halten.

Der Rücken soll gerade, aber nicht verkrampft sein.

Halte den Kopf hoch und schau geradeaus.

Die Schultern werden leicht zurückgenom-men, die Ellbogen liegen am Körper an.

Die Hände werden direkt über dem Widerrist gehalten.

Man sitzt im tiefsten Punkt des Sattels.

Deine Knie und Knöchel wirken wie Sprungfedern, halte sie locker.

Die Fußballen ruhen auf den Steigbügeln.

Die Fersen werden leicht nach unten gedrückt.

Sattel nachgurten

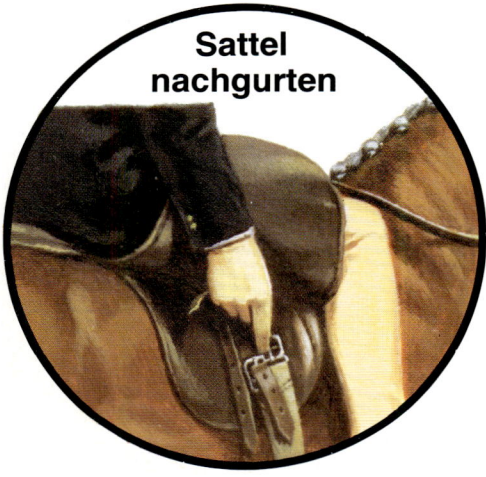

Schiebe dein Bein nach vorn, hebe das Seitenblatt an und halte es mit der anderen Hand fest. Ziehe die Gurtstrippen nachein-ander an und schiebe den Dorn der Schnalle jeweils ein Loch höher.

Aufsitzen

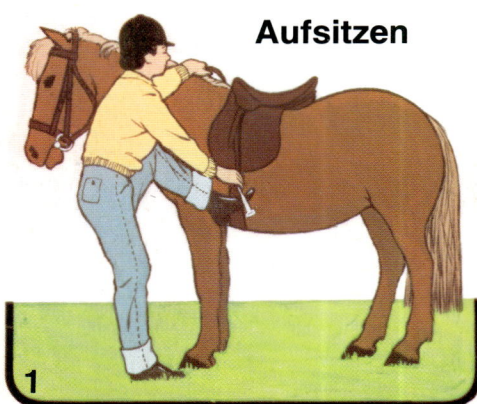

1

Stelle dich neben die linke Schulter des Ponys, mit Blick auf seinen Schwanz. Ergreife mit der linken Hand die Zügel, zusammen mit einem Haarbüschel aus der Mähne; mit der rechten Hand hältst du den Steigbügel und schiebst den Ballen des linken Fußes hinein.

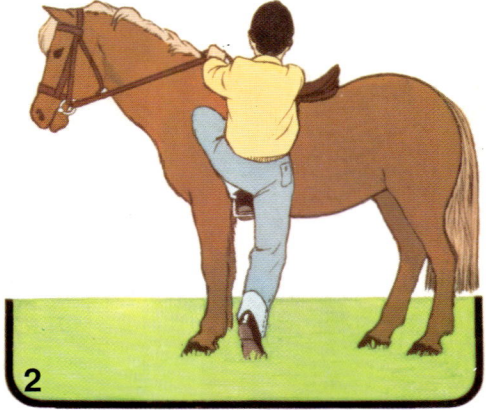

2

Nun springst du möglichst leicht hoch. Tritt dem Pony dabei aber nicht mit dem linken Fuß in die Seite! Mit der rechten Hand hältst du dich vorn oder hinten am Sattel fest.

3

Nun das linke Knie durchdrücken und das rechte Bein vom Boden über die Kruppe des Ponys schwingen. Achte darauf, daß du es dabei nicht mit dem Fuß berührst.

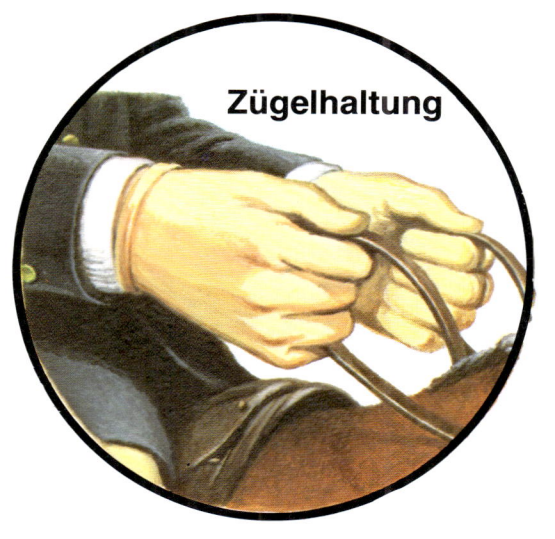

Halte die Zügel so, daß sie eine gerade Linie von den Ellbogen bis zum Trensengebiß bilden.

Zügelhaltung

Die wichtigste Verbindung zwischen dir und dem Pony sind die Hände. Halte die Zügel so locker, daß du das Maul des Ponys eben fühlen kannst. Die Zügel laufen vom Trensengebiß, zwischen Ringfinger und kleinem Finger hindurch, über die Handfläche und werden zwischen Daumen und Zeigefinger gehalten.
Die Zügel hältst du in gleicher Höhe, mit etwa 10 cm Abstand von beiden Seiten des Ponyhalses. Dabei zeigen die Fingerknöchel nach vorn, die Daumen liegen oben.

Steigbügel verpassen

Zieh das lose Ende des Steigbügelriemens an und halte dabei den Dorn mit einem Finger fest. Jetzt kannst du den Riemen verstellen, ohne daß er aus der Schnalle rutscht.

Absitzen

1 Nimm beide Füße aus den Steigbügeln und laß die Beine frei hängen. Beuge dich leicht nach vorn und lege die linke Hand auf die Mähne des Ponys. Zügel dabei festhalten.

2 Halte dich mit der rechten Hand vorn am Sattel fest, beuge dich vor und schwinge das rechte Bein über die Kruppe.

4 Setze dich weich in den Sattel, damit du dem Pony nicht weh tust oder es erschreckst. Schiebe nun auch den rechten Fuß in den Steigbügel und nimm die Zügel in beide Hände.

3 Gleite langsam herunter, komm dabei aber nicht zu nahe an die Vorderbeine des Ponys. Beim Absteigen nie das rechte Bein nach vorn über den Hals des Ponys schwingen!

4 Schiebe die Steigbügel nach oben und streife die Zügel über den Kopf des Ponys. Beim Führen hältst du das Zügelende in der linken Hand und die Zügel nahe am Gebiß mit der rechten.

Gangarten

Bei Ponys kennt man vier Gangarten:
Schritt, Trab, Arbeitsgalopp und
Jagdgalopp. Wenn du sie richtig
beherrschst, wird das Reiten dir und
dem Pony Freude machen.

Schritt

Der Schritt ist ruhig und gleichmäßig und
daher die einfachste Gangart. Du hast dabei
Zeit zu kontrollieren, ob du alles richtig
machst. Auch wenn dir dabei anfangs nicht
ganz geheuer ist, versuche dich so weit zu
entspannen, daß du den Rhythmus spürst,
in dem sich dein Pony bewegt. Halte dich am
Sattel oder an der Mähne fest, bis du dich
sicher fühlst, erst dann nimm die Zügel.
Sie dienen dazu, das Pony zu lenken und
unter Kontrolle zu halten und nicht, um sich
daran festzuhalten.
Wenn das Pony im Schritt geht, bewegt es den
Kopf auf und ab. Halte die Zügel so locker,
daß deine Hände diesem Rhythmus folgen
können. Setze dich tief, aber gerade in den
Sattel und schau nach vorn.
Beim Schritt kommen die vier Hufe in dieser
Reihenfolge auf den Boden auf: linker
Vorderfuß – rechter Hinterfuß – rechter
Vorderfuß – linker Hinterfuß.

Trab

Der Trab ist eine lebhaftere Gangart und kann
etwas unbequem sein, bis du gelernt hast,
dich dabei leicht im Sattel zu heben. Du solltest nicht traben, ehe du den Schritt beherrschst. Wenn du den Bewegungsablauf
einmal begriffen hast, ist aber das Traben
recht einfach: Du läßt dich von den Knien
aus durch die Bewegungen des Ponys
etwas in die Höhe und nach vorn stoßen.
Im gleichen Takt setzt du dich immer wieder
weich in den Sattel zurück; Hände und Beine
dabei ruhig halten. Dazu braucht man natürlich viel Übung. Vielleicht hilft es dir, wenn du
zunächst im Takt des Trabens „auf – ab"
sagst. Beuge dich leicht nach vorn, um das
Gleichgewicht zu halten; der Rücken ist
gerade, aber nicht verkrampft.
Beim Trab kommen die Hufe paarweise auf:
erst linker Vorderfuß und rechter Hinterfuß
gleichzeitig, dann rechter Vorderfuß und
linker Hinterfuß gleichzeitig. Man nennt das
eine diagonale Bewegung.

Fußfolge im Schritt

Fußfolge im Trab

Arbeitsgalopp

Der Arbeitsgalopp ist eine aufregende Gangart und bei den meisten Reitern sehr beliebt. Er ist allerdings recht ermüdend, deshalb solltest du zunächst nur kurz üben. Anfangs hältst du dich mit einer Hand am Sattel fest. Du sitzt aufrecht, die Hüften folgen den Bewegungen des Ponys, das Gesäß bleibt im Sattel. Vielleicht wirst du dich zunächst dabei verkrampfen, weil du nicht auf und ab stoßen sollst. Halte die Zügel so locker, daß sich der Kopf des Ponys im Takt auf und ab bewegen kann.

Beim Galopp kann das linke oder das rechte Vorderbein „führen", man spricht dann von Links- oder Rechtsgalopp. Wenn das Pony im Kreis galoppiert, sollte das innere Vorderbein führen, damit das Pony im Gleichgewicht ist. Die Fußfolge beim Rechtsgalopp (siehe Bild): linker Hinterfuß – rechter Hinterfuß und linker Vorderfuß gleichzeitig – rechter Vorderfuß.

Fußfolge im Arbeitsgalopp

Jagdgalopp

Die schnellste und aufregendste Gangart ist der Jagdgalopp. So schnell galoppieren solltest du nur, wenn dein Pony in guter Verfassung ist und du es im Arbeitsgalopp beherrschst. Galoppiere aber nie im Straßenverkehr und in der Nähe von Fußgängern! Ponys beschleunigen vom Arbeitsgalopp zum Jagdgalopp, indem sie raumgreifendere Sprünge machen, sich mit den Hinterbeinen fester abstoßen und den Oberkörper stark vorstrecken. Die Füße bleiben nur ganz kurz auf dem Boden, dazwischen liegt eine Schwebephase, in der kein Fuß den Boden berührt. Verlagere dein Gewicht nach vorn und hebe dich etwas aus dem Sattel, um den Rücken des Ponys zu entlasten; das Gewicht ruht auf deinen Knien und Füßen.

In einer Kurve sollte, wie beim Arbeitsgalopp, das innere Vorderbein führen. Beim Jagdgalopp kommen alle vier Füße in dieser Reihenfolge einzeln auf: linker Hinterfuß – rechter Hinterfuß – linker Vorderfuß – rechter Vorderfuß.

Fußfolge im Jagdgalopp

Hilfen

Alle gut zugerittenen Ponys haben gelernt, bestimmte Zeichen ihres Reiters zu verstehen, die Hilfen. Du brauchst sie, um deinem Pony mitzuteilen, was es tun soll. Hilfen, die mit deiner Stimme, mit Händen, Beinen oder Körper gegeben werden, heißen natürliche Hilfen, Peitsche und Sporen sind künstliche Hilfen. Der richtige Einsatz dieser Hilfen verlangt viel Übung. Dazu solltest du auf einem gut zugerittenen Pony reiten lernen, das versteht und gehorcht. Nur dann bekommst du ein Gefühl dafür, ob du alles richtig machst.

Die Stimme

Sprich ruhig, aber bestimmt. Dein Pony lernt, deinen Tonfall zu verstehen, und hat Vertrauen zu dir, solange du es gut behandelst. Gib nur einfache Kommandos, denn einzelne, kurze Wörter wie „Schritt", „Trab" und „Halt" wird das Pony verstehen, nicht dagegen lange Sätze.

Die Hände

Auch deine Hände gehören zu den Hilfen, die das Pony unter Kontrolle halten und lenken. Über die Zügel gibst du ihm Anweisungen mit den Fingern. Halte dich nie an den Zügeln fest und zerre nicht daran, sonst wird sein Maul abgestumpft, und das Pony wird sich bald nicht mehr um deine Anweisungen kümmern.

Der Körper

Durch eine leichte Verlagerung deines Körpers kannst du das Gleichgewicht des Ponys verändern. Das Pony wird rasch lernen, was es bedeutet, wenn du den Druck auf den Sattel veränderst. Mit den gymnastischen Übungen (siehe unten) und durch die Arbeit an der Longe kannst du zu guter Körperbeherrschung kommen.

Die Beine

Durch Druck mit den Unterschenkeln gegen die Seiten treibst du dein Pony zu schnellerem Laufen an. Je schneller das Pony laufen soll, desto stärker ist der Schenkeldruck. Wenn du die Schenkel weiter hinten gegen seinen Körper preßt, wirkst du auf die Hinterbeine ein und sagst ihm, wann es sich zur Seite bewegen oder wenden soll.

Übungen

Das richtige Reiten erscheint zuerst schwierig und ermüdend, denn du benutzt dabei Muskeln, die du sonst nicht oft gebrauchst. Hier sind einige Übungen, die dir helfen, geschmeidig und fit zu werden und dadurch besser zu reiten. Übe immer nur ein paar Minuten an einem sicheren Ort auf einem ruhigen Pony; dabei sollte es jemand festhalten. Verknote die Zügel, damit du dich beim Üben nicht mit den Füßen darin verfängst.

Im Sattel aufstehen

Beuge dich mit erhobenem Kopf leicht nach vorn. Hebe dich etwa 5 cm hoch aus dem Sattel und lasse dich wieder sanft darauf nieder. Notfalls kannst du dich an der Mähne des Ponys festhalten.

Fußspitzen berühren

Beuge dich nach unten und berühre die Fußspitzen, erst die eine, dann die andere. Der Fuß darf der Hand nicht entgegenkommen und der andere Fuß nicht nach hinten ausweichen.

Arme schwingen

Hebe die Arme in Schulterhöhe und drehe den Oberkörper in gleichmäßigem Rhythmus so weit wie möglich nach links und nach rechts. Halte die Beine dabei ruhig. Anschließend mit den Armen kreisen.

Die ersten Reitstunden

Das Mädchen auf dem Bild hat Unterricht an der Longe. Das Pony wird vom Reitlehrer unter Kontrolle gehalten, so daß sie die Zügel nicht braucht. Auf diese Weise kann man die Bewegungen des Ponys besonders gut spüren. Wenn du dich unsicher fühlst, kannst du dich vorn am Sattel festhalten. Kurzes Üben in beiden Richtungen ist ausreichend, sonst werden deine Muskeln müde und verkrampft.

Wenn die Longe von einem erfahrenen Lehrer gehalten wird und das Pony geschult ist, kannst du dich auf dein Gleichgewicht und das korrekte Reiten konzentrieren.

Nicht verkrampft sitzen! Der Körper soll mit den Bewegungen des Ponys mitgehen.

Über der Trense wird der Kappzaum angelegt. Die Longe muß mindestens 4,50 m lang sein. Sie wird mit einem Karabinerhaken an einem Ring des Nasenriemens eingehängt.

Wenn du linksherum reitest, hält der Lehrer mit der linken Hand die Longe und in der rechten eine Peitsche. Meist genügt seine Stimme, um die Geschwindigkeit des Ponys zu bestimmen.

1 Zurücklehnen

Beuge den Oberkörper zuerst nach vorn und dann langsam nach hinten, bis du auf der Kruppe des Ponys liegst. Die Beine dürfen nicht nach vorn rutschen.

2

Jetzt gehst du langsam in die richtige Reithaltung zurück. Die Arme bleiben während der ganzen Zeit verschränkt. Diese Übung ist recht schwierig, sie kräftigt aber Rücken- und Bauchmuskeln.

1 „Mühle"

Schwinge das rechte Bein über den Hals des Ponys, so daß du seitlich im Sattel sitzt. Schwinge erst das linke, dann das rechte Bein über die Kruppe, so daß du auf der anderen Seite sitzt.

2

Zuletzt schwingst du das linke Bein über den Hals des Ponys zurück in die Ausgangsposition. Übe in gleichmäßigem Rhythmus, auch rechts herum, und gib acht, daß du das Pony nicht triffst.

Übergänge (Paraden)

Wechsel in andere Gangarten sollen fließend, ohne ruckartige Bewegungen vor sich gehen. Gib jede Hilfe deutlich, aber nur so stark, daß das Pony sie verstehen und gehorchen kann. Bei einem guten Reiter auf einem gut zugerittenen Pferd wirst du die Hilfen fast gar nicht bemerken – und darauf solltest du hinarbeiten. Das verlangt viel Übung und läßt sich nur auf einem gut ausgebildeten Pferd erlernen, das versteht, was du von ihm willst.

Schneller reiten

Wenn dein Pony loslaufen will, ehe du ihm das Zeichen dafür gegeben hast, hältst du es zurück, indem du die Zügel etwas straffer nimmst.

Sitz gerade und sieh nach vorn!

Fertigmachen zum Schritt

Halte Kontakt mit dem Maul des Pferdes!

Im Schritt

Beim Anreiten gibst du mit den Zügeln etwas nach und läßt deine Hände den natürlichen Bewegungen seines Kopfes folgen. Verliere nicht die Fühlung mit dem Maul des Ponys, sonst hast du keine Kontrolle mehr über das Tier.

Drücke mit den Unterschenkeln kurz gegen seine Seiten und sage ,,vorwärts!". Wenn es sich in Bewegung setzt, lasse die Zügel so locker, daß es den Kopf im Rhythmus seiner Schritte bewegen kann. Bleibe auch beim Anreiten gerade sitzen.

Langsamer reiten

Bleibe ruhig sitzen, damit das Pony nicht aus dem Gleichgewicht kommt.

Wenn es auf deine Hilfen anspricht, läßt du die Zügel etwas lockerer.

Vom Galopp zum Trab

Durch Schenkeldruck hältst du das Pony auf geradem Kurs und verhinderst, daß es hinten seitwärts ausweicht.

Gib acht, daß du nicht nach vorn fällst und die Kontrolle über das Pony verlierst.

Vom Trab zum Schritt

Halte den Rücken gerade und setze dich tief in den Sattel. Gleichzeitig faßt du die Zügel fester und sagst ,,Trab!". Die Schenkel bleiben dicht an den Seiten des Ponys, so daß es in einen weichen, ausgewogenen Trab zurückfällt.

Wie zuvor sitzt du tief im Sattel und drückst das Gesäß nach unten. Mit den Zügeln hältst du das Pony sanft zurück und sagst ,,Schritt!". Drücke die Schenkel gegen seine Seiten, damit es beim Wechsel zum Schritt nicht stehen bleibt.

Um einen fließenden Übergang vom Schritt zum Trab zu erreichen, bleibst du während der ersten Trabsprünge noch sitzen. Erst wenn das Pony gleichmäßig trabt, fängst du an mitzugehen.

Drücke die Fersen nach unten und stehe aus den Knien auf.

Beim Rechtsgalopp nimmst du den rechten Zügel etwas straffer und drückst mit dem rechten, am Gurt liegenden Schenkel gegen die Seite des Ponys. Der linke Schenkel liegt dabei hinter dem Gurt.

Beim Linksgalopp geben der linke Zügel und das linke Bein die Hilfen.

Trab

Galopp

Beim Traben streckt das Pony den Hals nicht so weit vor, daher mußt du die Zügel kürzer fassen, ehe du die Schenkel gegen seine Seiten drückst. Das Pony wird mit dem Gesäß und den Beinen angetrieben. Wiederhole den Schenkeldruck, damit es gleichmäßig schnell trabt.

Setze dich tief in den Sattel. Mit dem inneren, am Gurt liegenden Schenkel treibst du das Pony an. Das äußere Bein liegt hinter dem Gurt. Nimm den inneren Zügel etwas straffer, damit das Pony auf der richtigen Hand angaloppiert.

Deine Füße dürfen nicht nach vorn rutschen; drücke deshalb die Fersen nach unten.

Vergiß nicht, das Pony durch Hilfen zum Halten zu bringen und nicht etwa durch Zerren am Zügel.

Sage „Zurück!" und halte es durch Schenkeldruck gerade.

Zwei bis drei Schritte sind genug, dann läßt du es wieder vorwärts gehen.

Halten

Rückwärts

Richte den Oberkörper auf und nimm die Zügel etwas straffer. Dabei sagst du „Halt!". Durch Schenkeldruck bringst du seine Hinterbeine unter den Körper, so daß es voll auf allen vier Beinen steht.

Das läßt sich nur mit einem gut geschulten Pony durchführen. Zuerst muß es gerade stehen und sich ganz auf dich konzentrieren. Gib ihm leichte Beinhilfen, halte es aber mit den Zügeln sanft zurück, damit es rückwärts statt vorwärts geht.

Wendungen

Es ist wichtig, daß man sein Pony in jeder Gangart flüssig nach rechts und links wenden kann. Wenn dir Wendungen oder Kreise in eine bestimmte Richtung schwerer fallen, ist dein Pony vielleicht auf einer Seite etwas steif. Durch Übungen kannst du erreichen, daß es geschmeidiger wird.

Zum Wenden darfst du dich nicht nach vorn beugen und das Pony zur Seite ziehen. Du bleibst tief im Sattel sitzen, „sagst" ihm durch Gesäß- und Schenkeldruck, was es tun soll, und lenkst es mit den Händen. Hier wird dir eine Wendung nach rechts gezeigt.

Die Linkswendung wird genau entgegengesetzt ausgeführt.

Rechtswendung

Sitz gerade! Das Gesäß muß fest im Sattel bleiben, sonst bringst du das Pony aus dem Gleichgewicht.

Das Pony soll nach rechts sehen, indem es den Nacken seitlich biegt, und nicht etwa nur den Kopf zur Seite drehen.

Die Hinterfüße sollen in die Spuren der Vorderfüße treten.

Die Biegung der Wirbelsäule

Um sauber zu wenden oder einen gleichmäßig runden Kreis zu reiten, muß das Pony Hals und Wirbelsäule in die Richtung biegen, in die es geht. Von oben gesehen, sieht das so aus.

Hilfe mit den Händen

Du lenkst das Pony, indem du den rechten Zügel etwas straffst und den linken etwas nachläßt, so daß es sich nach rechts biegen kann. Behalte aber die Fühlung bei!

Hilfe mit dem rechten Bein

Der innere Schenkel liegt wie üblich dicht am Gurt. Beim Wenden muß das Pony sich sozusagen um den inneren Schenkel biegen. Bleibe gleichmäßig im Trab!

Hilfe mit dem linken Bein

Drücke den äußeren Schenkel eine Handbreit hinter dem Gurt leicht gegen die Seite des Ponys. Dadurch verhinderst du, daß die Hinterhand nach links ausbricht.

Handwechsel

So nennt man eine Wendung und das Weiter-reiten in eine andere Richtung. Versuche die Wendung möglichst fließend auszuführen, ohne das Pony aus dem Takt zu bringen. Um von der linken auf die rechte Hand zu wechseln, folgst du der blauen Linie auf dem Reitbahn-Plan (unten). Zuerst an der kurzen Seite der Bahn entlangreiten. Beim ersten seitlichen Wechselpunkt abbiegen und die Bahn diagonal durchreiten. Am gegenüber-liegenden Wechselpunkt auf die rechte Hand überwechseln oder gerade durch die Länge der Bahn wechseln. In einer Gruppe wechselt zuerst der vorderste Reiter die Hand.

Die Reitbahn

Als Reitbahn kann im Grunde jede eingegrenzte, ebene Fläche dienen, auf der du ungestört reiten kannst. Ideal ist eine geschlossene Reithalle, du kannst dir aber auch eine ruhige Ecke auf einem Feld mit Strohballen oder Ölkanistern abtrennen. Die übliche Größe beträgt 20 x 40 m. Bestimmte Punkte an den Außenlinien sind mit Buchstaben gekennzeichnet. Du lernst sie am besten auswendig, denn sie sind auf jeder Reitbahn gleich. Dann weißt du, auch ohne hinzusehen, was zu tun ist, wenn ein Kommando gegeben wird.

Bahnfiguren

Diese Figuren solltest du immer wieder kurz, aber gründlich üben. Sie machen dein Pony beweglicher und verbessern dein Gleichgewicht. Du übst zuerst im Schritt, dann in einem ruhigen Trab und achtest dabei auf gleichmäßige Geschwindigkeit und Rhythmus der Bewegung. Es ist gar nicht einfach, einen exakten Zirkel zu reiten. Fang am besten mit großen Zirkeln an: Stell dir vor, auf dem Boden sei eine Kreislinie gezogen. Sieh geradeaus und versuche, dein Pony auf dieser Linie zu halten. Dann versuchst du eine Acht zu reiten: zwei Zirkel mit einem Handwechsel dazwischen. Schwierigste Übung sind Schlangenlinien durch die ganze Bahn.

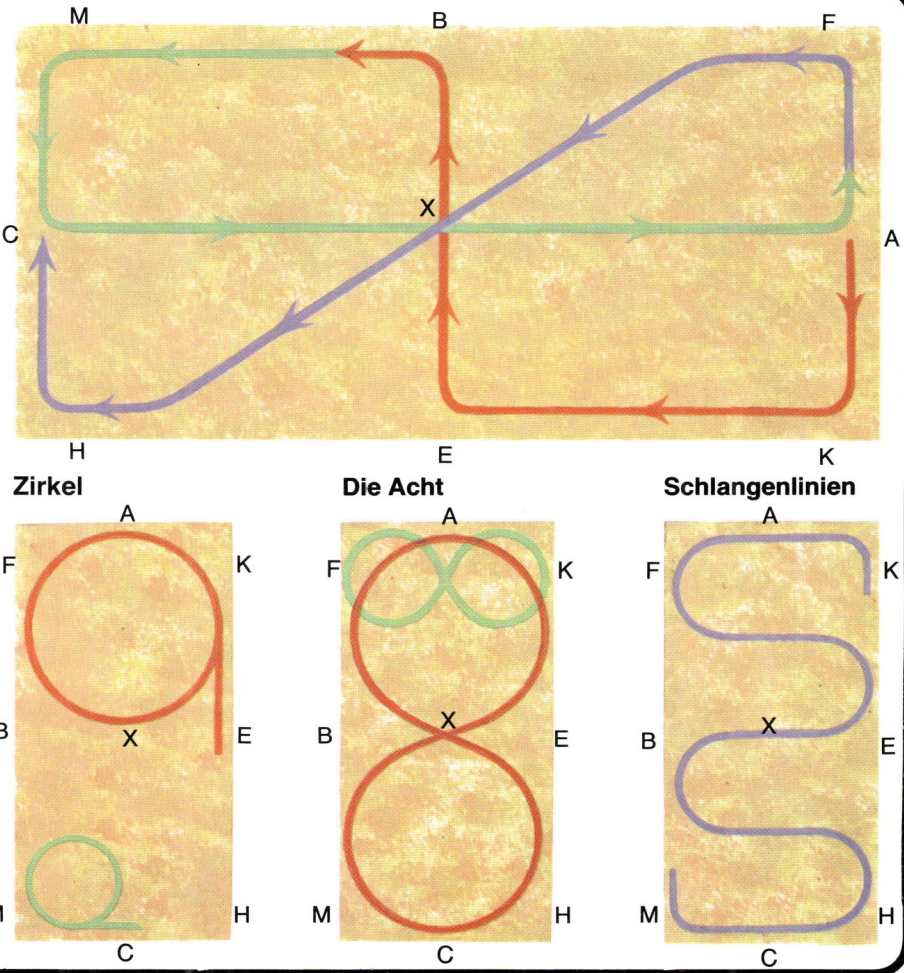

Springen für Anfänger

Springen kann viel Spaß machen. Du darfst aber nicht damit anfangen, ehe du dich sicher fühlst und das Pony in allen Gangarten unter Kontrolle hast. Am besten übst du nach einem Trainingsplan wie hier und möglichst mit einem Lehrer.

Übe immer nur kurz, damit sich dein Pony nicht langweilt. Aufhören solltest du immer dann, wenn es etwas gut gemacht hat. Zum Springen schnallst du die Steigbügel ein oder zwei Löcher kürzer.

Anreiten

Schon das Anreiten auf das Hindernis muß stimmen, sonst hat das Pony Schwierigkeiten beim Sprung. Du sitzt dabei im Springsitz. Das Pony darf seinen Kopf senken und Lage und Höhe des Hindernisses selbst beurteilen.

Absprung

Gib acht, daß du nicht zurückfällst, wenn das Pony springt. Du beugst dich dabei nach vorn, die Schenkel bleiben dicht am Sattel. Du darfst weder die Knie durchdrücken, noch im Steigbügel aufstehen. Die Hände kommen nach vorn, damit das Pony ausreichend Zügel hat.

Stangen

Das ist eine gute Vorübung fürs Springen, sie verbessert dein Gleichgewicht und gibt dir Selbstvertrauen. Das Pony lernt dabei, seine Schritte den Abständen entsprechend einzuteilen, was beim Springen sehr wichtig ist. Man benutzt stabile Holzstangen, mindestens 3 m lang und mit 10 bis 15 cm Durchmesser, damit das Pony beim Darübertraben richtig die Füße heben muß. Die Stangen können naturfarben oder bemalt sein; dann gewöhnt sich das Pony schon an farbige Hindernisse. Das zweite Pony folgt hier ziemlich dicht. Wenn Ponys eine Übung beherrschen, sollten sie einzeln üben.

Anfangsübung

Zuerst reitest du nur über eine Stange. Nach und nach legst du im Abstand von etwa 1,20 m weitere Stangen dazu. Beuge dich etwas vor und behalte Fühlung mit dem Maul des Ponys.

Stangenreihe

Jetzt versuchst du dasselbe in einem allmählich schneller werdenden Trab, zunächst wieder mit einer Stange, dann mit mehreren. Reite in der Mitte über die Stangen und bleibe im Rhythmus.

Der erste Sprung

Trabt das Pony sicher über die Stangen, dann stellst du etwa 2,40 m hinter der letzten Stange ein niedriges Cavaletto auf. Trabe über die Stangen und dann geradewegs über das Hindernis.

Schweben

Sitze ruhig, die Knie fest gegen den Sattel gedrückt. Die Unterschenkel dürfen nicht nach hinten rutschen, sonst kommt das Pony aus dem Gleichgewicht. Zuerst zieht es die Hinterbeine unter den Leib, um über das Hindernis zu kommen, dann streckt es die Vorderbeine nach unten.

Landen

Beim Landen kommen Kopf und Hals des Ponys wieder nach oben, um das Gleichgewicht zu erhalten. Die Vorderfüße treffen hart auf den Boden auf. Du kannst sie etwas entlasten, wenn du beim Aufsprung Schultern und Gesäß leicht nach hinten nimmst.

Weiterreiten

Die Vorderfüße setzen zum ersten Schritt an, während die Hinterfüße fast in die Vorderspuren fallen. Übernimm beim Landen sofort wieder die Kontrolle. Der Sprung sollte eine weiche, fließende Bewegung darstellen. Mit einem erfahrenen Pony ist das natürlich am einfachsten.

Cavaletti

Cavaletti sind eine Erfindung der italienischen Kavallerie. Man brauchte Hindernisse, die man leicht versetzen und kombinieren konnte. Inzwischen verwenden sie fast alle Reiter zur Schulung ihrer Pferde. Die Arbeit mit den Cavaletti entwickelt die Muskeln des Ponys und nimmt ihm die Angst vor dem Springen. Du kannst dabei die Haltung beim Springen üben und dich an die Bewegungen des Ponys gewöhnen. Wenn, wie hier, ein anderes Pony vorausgeht, mußt du genügend Abstand halten.

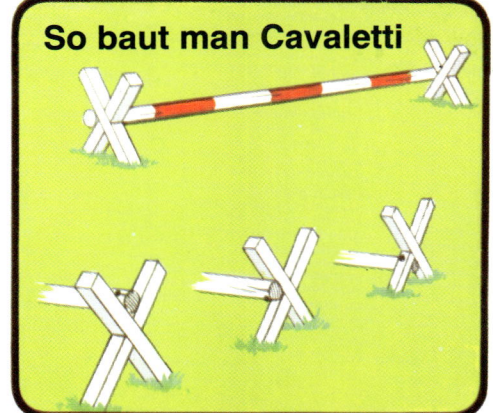

So baut man Cavaletti

Cavaletti kann man kaufen oder selber bauen. Die gekreuzten Kanthölzer sind 75 cm lang und 7 x 7 cm dick. Dazwischen wird eine 3 m lange Holzstange befestigt.

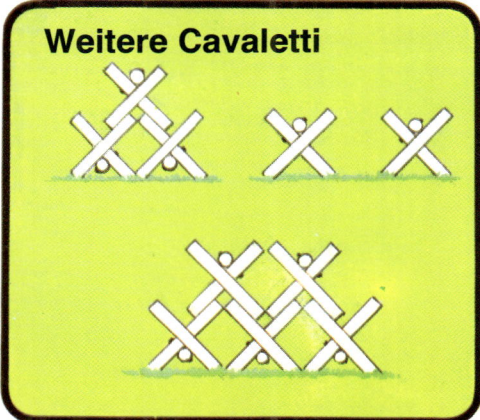

Weitere Cavaletti

Mit Cavaletti kannst du die verschiedensten Hindernisse aufbauen. Sie sollten niedrig und leicht zu überspringen sein, dann hat dein Pony Freude daran und fängt nicht an zu verweigern.

Im Galopp über Cavaletti

Dazu braucht man viel Übung. Zuerst überspringst du eine Stange und ein Cavaletto. Dann stelltst du im Abstand von etwa 2,80 m nach und nach sechs weitere Cavaletti auf.

Verkehrsregeln für Reiter

Die folgenden Regeln und Zeichen mußt du kennen, wenn du auf der Straße reiten willst. Wohnst du in einem Land mit Rechtsverkehr, wie Deutschland, Frankreich, Italien oder Holland, dann mußt du immer auf der rechten Straßenseite reiten. In Ländern mit Linksverkehr, wie Großbritannien oder Australien reitet man entsprechend auf der linken Straßenseite.

Auf der Straße

Du darfst nur dann auf der Straße reiten, wenn dein Pony sich im Verkehr ruhig verhält. Es soll konzentriert im Schritt oder langsamen Trab gehen, damit es nicht strauchelt.

Abbiegen

Wenn du nach rechts reiten willst, gib rechtzeitig und deutlich dieses Handzeichen. Wenn du nach links reiten willst, streckst du den linken Arm aus.

Verkehr anhalten

Halte die Hand hoch und sieh den Autofahrer direkt an, damit er weiß, daß er gemeint ist. Ehe du die Straße überquerst, vergewissere dich, ob der Wagen wirklich steht.

„Ich halte an"

Mit dem Arm, der zur Straßenmitte zeigt, winkst du auf und ab. Dadurch zeigst du anderen Verkehrsteilnehmern an, daß du halten willst, und bittest sie, langsamer zu werden.

In Gruppen reiten

Zeichen werden vom ersten und vom letzten Reiter gegeben. Halte Abstand vom Pony vor dir wie im Bild. Bleibe bei der Gruppe und wechsle nicht ohne Vorankündigung die Gangart.

„Danke!"

Bedanke dich für jede Hilfe mit einem Nicken oder Lächeln. Auf engen oder gewundenen Straßen trittst du besser zur Seite, um den rollenden Verkehr vorbeizulassen.

Auf dem Fahrbahnrand

Wo immer möglich, reite auf dem Grasstreifen neben der Straße – außer er ist Privatbesitz oder besonders gepflegt. Reite nie im Galopp am Straßenrand entlang, dein Pony könnte vor dem Verkehr scheuen.

Ein zweites Pony mitführen

Nur wenn du Erfahrung darin hast, darfst du ein anderes Pony mitführen. Führe es am Zügel, dicht am Straßenrand, mit dem Kopf auf Höhe deiner Knie, damit du es besser unter Kontrolle hast.

Wenn das Pony erschrickt

Warte bis die Straße frei ist. Dann reite entschlossen an dem furchteinflößenden Objekt vorbei. Sprich dabei beruhigend mit dem Pony. Wenn es sehr nervös ist, steigst du ab.

Bei Nacht

Reite möglichst nicht bei Nacht oder Nebel. Wenn es nicht zu umgehen ist, mußt du Steigbügellampen tragen, die nach vorn weiß und nach hinten rot leuchten.

Verhalten im Gelände

Für Reiter im Gelände gelten einige ungeschriebene Regeln: Beachte das Eigentum und den Grund und Boden anderer Leute mit besonderer Sorgfalt.

Denke daran, daß du zwar auf Straßen, Reitwegen und in bestimmten anderen Geländen reiten darfst, daß aber alle anderen Felder, Wege und Wälder Privatbesitz sind. Bitte daher zuerst den

Bauern oder Landbesitzer um Erlaubnis. Verhalte dich dann vernünftig und vermeide Schäden, damit du wieder einmal dort reiten darfst.

Vor dem Ausreiten

Überprüfe, ob das Pony gut beschlagen und ordentlich ausgerüstet ist. Trage immer eine Sturzkappe, praktische Kleidung und Stiefel mit flachem Absatz.

Wenn du allein ausreitest, vergiß nicht, jemandem zu sagen, wohin du reitest und wie lange du voraussichtlich ausbleiben wirst.

Gatter schließen!

Vergiß nie, Gatter, die du geöffnet hast, wieder zu schließen, selbst wenn das Feld leer zu sein scheint. Bring deinem Pony bei, daß es dir dabei hilft.

Am Feldrand halten!

Gib acht, daß du – vor allem bei Regen – auf Feldern keinen Flurschaden anrichtest und daß du das Vieh auf den Weiden nicht aufscheuchst.

Bergauf

Beuge dich beim Bergaufreiten nach vorn, um Rücken und Hinterbeine des Ponys zu entlasten. Bei dieser besonderen Anstrengung darf das Pony den Hals strecken.

Bergab

Halte das Pony ruhig und beuge dich etwas nach vorn, um Rücken und Hinterhand des Ponys zu entlasten. Es bleibt dadurch leichter im Gleichgewicht. Zieh es nicht am Zügel nach hinten.

Galoppieren

Suche dir dafür einen ruhigen, leicht ansteigenden Weg mit weichem Boden aus oder auch einen Feldrand. Reite immer langsam an Fußgängern oder anderen Reitern vorbei.

Ein weiter Ritt

Mache etwa eine halbe Stunde Pause. Lege über der Trense ein Halfter an, so daß du sie abnehmen und das Pony grasen lassen kannst. Nimm auch den Sattel ab und laß das Pony kurz trinken.

Kurz vor der Heimkehr

Den letzten Kilometer solltest du im Schritt reiten, damit das Pony nicht aufgeregt und verschwitzt nach Hause kommt. Wenn es sehr müde ist und nicht mehr ruhig geht, führst du es.

Zuhause

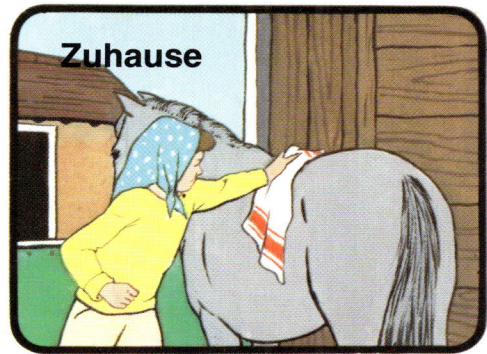

Ein im Stall gehaltenes Pony muß abgerieben oder herumgeführt werden, bis es trocken ist. Lebt dein Pony auf der Weide, reibt es sich selbst trocken, indem es sich tüchtig wälzt.

Bekannte Ponyrassen

Die einzelnen Ponyrassen unterscheiden sich durch ihre Eigenschaften – Größe, Kraft und Schnelligkeit –, die sich in Jahrhunderten entwickelt haben. Fast alle Ponys sind robust, freundlich und gelehrig. Sie sind daher ideale Reitpferde für Kinder.

Von dieser verbreiteten Rasse gibt es verschiedene Typen. Sie sind meist gute Reitpferde, sie sind robust, ausgeglichen, trittsicher und ruhig im Straßenverkehr.

New Forest-Pony

Shetland-Pony

Shetland-Ponys gibt es in verschiedenen Farben, meist sind sie jedoch schwarz, braun oder kastanienbraun. Sie werden selten größer als 1 m, sind dafür aber sehr kräftig und eignen sich, wenn sie gut zugeritten sind, besonders für kleine Kinder als Reitpferde.

Diese neue Rasse entstand 1956 aus der Kreuzung zwischen einem Shetland-Hengst und einer Appaloosa-Stute. Das Ergebnis war ein sehr kleines Appaloosapferd, das in Amerika zu einem beliebten Kinderpony wurde. Im allgemeinen hat es ein weißes, farbig gesprenkeltes Fell.

Pony of the Americas

Fjordpferd

Island-Pony

Diese ruhigen Ponys werden auch außerhalb ihres Ursprungslandes Norwegen immer beliebter. Du erkennst sie leicht an ihrem falben Fell, den schwarzen Beinen und den schwarzen Haaren in Mähne und Schweif. Sie sind robuste Reit- und Fahrpferde, anspruchslos und sehr gutmütig.

Schon im 9. Jahrhundert wurden diese zähen Ponys, die kleiner als 1,50 m sind, nach Island gebracht. Zum Teil dienen sie als Packpferde. Andere werden geritten und lernen dafür eine besondere Gangart, die halb Schritt, halb Trab ist.

Camargue-Pferd

Diese alte Rasse stammt von arabischen Pferden ab und wird in der Camargue, in Südfrankreich, in halbwilden Herden gezüchtet. Camargue-Pferde werden heute vor allem zum Wandern (ponytrekking) und als Hirtenpferde verwendet.

Highland-Pony

Diese großen Ponys stammen aus dem schottischen Hochland, wo sie Torf und andere schwere Lasten zu befördern hatten. Sie sind ruhig und gut als Familienponys geeignet.

Welsh-Mountain-Pony

Schon in der Römerzeit lebten diese schönen Ponys mit den wallenden Mähnen und Schweifen in Wales. Da sie gutmütig, kräftig und gewandt sind, sind sie als Zuchtponys sowie als Reit- und Fahrponys in der ganzen Welt verbreitet.

Haflinger

Alle Haflinger stammen von ,,Folie", einem kastanienbraunen Hengst ab, der 1874 in Österreich geboren wurde. Sie sind zäh, trittsicher und an das Leben im Gebirge angepaßt. Heute kommen sie in vielen Ländern vor.

Connemara-Pony

Diese Rasse entstand vermutlich aus der Kreuzung zwischen irischen Ponys und arabischen Pferden, die man aus gestrandeten Schiffen der spanischen Armada geborgen hatte. Ihre Freundlichkeit und der geschmeidige Gang von Araberpferden machen sie zu idealen Familienponys.

Exmoor-Pony

Diese Ponys mit der hell gefärbten Maulpartie leben heute noch in halbwilden Herden im Gebiet von Exmoor in England. Sie sind nur etwa 1,30 m groß, aber sehr trittsicher. Sie laufen einen geschmeidigen, flachen Trab und können gut springen.

Das Alter deines Pferdes

Das Alter eines Pferdes oder Ponys kann man an den je sechs Vorderzähnen im Ober- und Unterkiefer erkennen. Bis zum Alter von acht Jahren ist diese Methode ziemlich zuverlässig. Danach müssen so viele Dinge berücksichtigt werden, daß nur noch Fachleute das Alter genau bestimmen können. Hier siehst du, wie sich Größe und Form der Vorderzähne eines Ponys im Laufe seines Wachstums verändern.

Der Unterkiefer eines Ponys

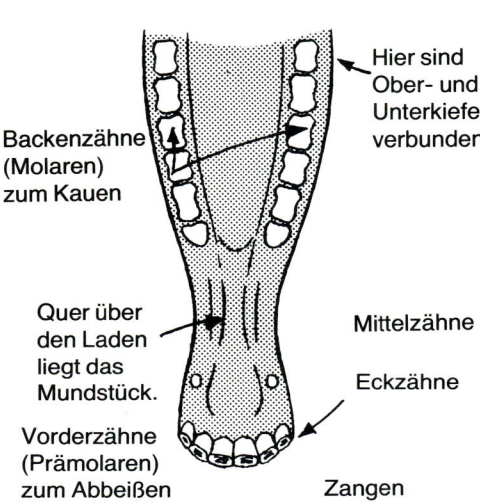

Backenzähne (Molaren) zum Kauen

Hier sind Ober- und Unterkiefer verbunden.

Quer über den Laden liegt das Mundstück.

Mittelzähne

Eckzähne

Vorderzähne (Prämolaren) zum Abbeißen

Zangen

So sieht der Unterkiefer eines Ponys von oben aus. Mit den Vorderzähnen beißt es Grasbüschel ab, mit den Backenzähnen kaut es.

Zwei Jahre

Das sind Milchzähne; sie sind klein und weiß.

Drei Jahre
Anstelle der oberen und unteren Milchzangen sind
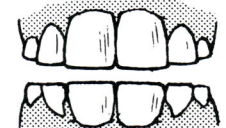
große, bleibende Zähne durchgebrochen.

Vier Jahre
Anstelle der Milchmittelzähne sind große, bleibende Mittelzähne

getreten.

Fünf Jahre

Die Eckzähne brechen durch. Bei Hengsten wachsen Hakenzähne.

Sechs Jahre

Die Oberfläche der Eckzähne ist durch Abnutzung gerade geworden.

Sieben Jahre
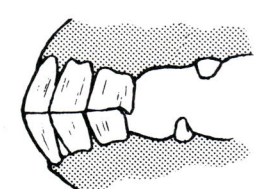
Bei den oberen Eckzähnen erscheint hinten eine Einkerbung, der 1. Einbiß.

Acht Jahre

Durch Abnutzung ist die Einkerbung verschwunden, und die Reibeflächen der Zähne sind gerade geworden.

Zehn Jahre

Die Zähne beginnen vorzustehen; in den oberen Eckzähnen erscheint eine neue Vertiefung, der 2. Einbiß.

Zwanzig Jahre
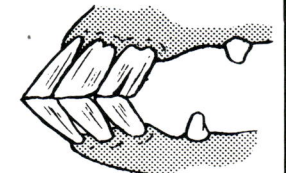
Die Zähne stehen stark vor. Der Einbiß reicht nun bis zur Reibefläche der Eckzähne hinunter.

Junges Pony

Ein Pony unter zwei Jahren hat weiche Knochen und ist noch im Wachsen. Daher kann die Kruppe noch höher sein als der Widerrist. Es ist lebhaft und neugierig.

Ausgewachsenes Pony

Dieses ausgewachsene, achtjährige Pony ist kräftig, hat gut entwickelte Muskeln und steht auf dem Höhepunkt seiner Leistungsfähigkeit. Es zeigt Stolz und Selbstvertrauen. Über den Augen werden vielleicht schon Vertiefungen sichtbar.

Altes Pony

Dieses fast 30jährige Pony ist dünn und knochig. Die Muskeln sind schlaff, und es frißt schlecht. Seine Bewegungen sind steif, die Augengruben eingefallen.

Übungshindernisse – selbst gebaut

Hier siehst du, wie du aus ein paar einfachen Dingen leicht und billig selbst Übungshindernisse herstellen kannst. Verwende nur ungefährliches Material, damit sich das Pony nicht verletzt. Baue die Hindernisse häufig um und stelle sie immer wieder anders auf, damit sich dein Pony nicht langweilt.

Strohballen

Lege Strohballen mit den Schmalseiten zu einer einfachen Reihe oder – für Hoch-Weit-sprünge – in Doppelreihe nebeneinander und eine dritte Reihe obendrauf. Lege einige Ballen auch seitlich an.

Autoreifen

Besorge dir sechs oder acht alte Reifen und hänge sie, wie abgebildet, auf eine Stange. Lege davor eine Stange als Grundlinie, dann ist das Hindernis einfacher zu springen.

Ölfässer

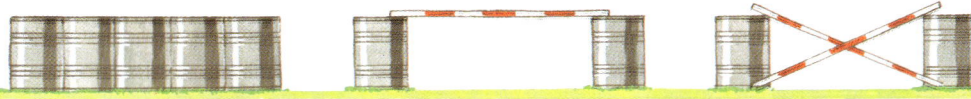

Mit großen, leeren Ölfässern (von einer Autowerkstatt) kannst du leicht verschiedene Hindernisse aufbauen; male die Fässer bunt an. Du kannst sie stellen, legen oder mit Stangen verwenden und jeweils dorthin rollen, wo du sie brauchst.

Baumstamm

Auch im offenen Gelände findest du viele Hindernisse, zum Beispiel Baumstämme. Säge hervorstehende Äste und alle scharfen Spitzen ab, damit das Pony nicht daran hängenbleibt.

Stangenrick

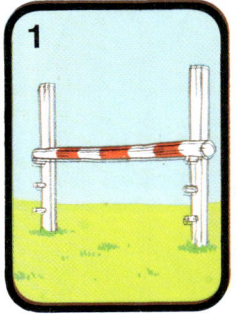

Auf Holzpflöcke oder Reifenstücke, die du an Holzpfähle annagelst, kannst du Stangen auflegen. Die Pfähle müssen mindestens 50 cm tief in den Boden gerammt werden.

Graben

Hebe einen Graben von 3 m Länge und 1 m Breite aus. Du kannst ihn so überspringen oder noch eine Stange darüber errichten. Wenn du ihn mit Wasser füllen willst, mußt du ihn vorher mit Plastikfolie auslegen.

Bürste (Reisighürde)

Nagle an senkrecht stehende Pfähle zu beiden Seiten zwei Holzplanken (siehe Bild). Die Lücke wird mit Strauchwerk von einer Hecke oder mit Reisig gefüllt.

Die Ausbildung des Pferdes

Zu Beginn der Ausbildung soll sich das Pony an den Menschen gewöhnen und Vertrauen zu ihm fassen. Das kann schon bei einem Fohlen anfangen. Dann soll es lernen, sich führen zu lassen und auf Kommandos wie „Halt", „Schritt" und „Trab" zu gehorchen, so daß es mit drei Jahren zutraulich und gehorsam ist. Das ist die Grundlage dafür, daß es sein Leben lang gern mit Menschen trainiert und arbeitet. Das Zureiten eines Ponys verlangt Geschick und Erfahrung. Alle Ponys sind verschieden, und jeder Trainer hat eine andere Methode. Ein Anfänger ist dafür nicht geeignet, denn Fehler sind vielleicht nicht mehr gutzumachen. Hier werden die wichtigsten Abschnitte beim Zureiten erklärt.

Longieren

Dabei soll das junge Pony, bevor es geritten wird, Gehorsam lernen und fit und geschmeidig werden. Manche Reitlehrer haben anfangs einen Gehilfen und beginnen auf einer eingegrenzten Fläche. Ein Pony, das die Kommandos schon kennt, wird schnell begreifen. Mit einer Peitsche wird es zum Vorwärtsgehen ermuntert und aus dem Kreis herausgehalten. Das Pony lernt so, im Schritt oder Trab nach rechts oder links zu gehen und Geschwindigkeit und Rhythmus beizubehalten. Da das sehr anstrengend ist, genügen anfangs kurze Übungen von je 10 Minuten.

Der Kappzaum

Das ist ein Halfter aus kräftigem Leder oder Nylon. Es hat einen gepolsterten Nasenriemen mit drei Ringen für die Longe und die Ausbindezügel, dazu einen Kehlriemen, damit es nicht verrutscht.

Gewöhnung an den Reiter

Wenn das Pony nicht erschrecken soll, muß es sich an das Gewicht und an den Anblick eines aufsitzenden Reiters ganz allmählich gewöhnen können.

Dann sitzt der Reiter mit Hilfestellung behutsam auf und bleibt ruhig sitzen. Hat sich das Pony daran gewöhnt, wird es jeden Tag ein Stück weiter geführt und schließlich mit Reiter longiert.

Arbeit mit den Ausbindezügeln

Hier wird ein Pony mit Sattel und Zaumzeug longiert. Nun kann der Trainer anfangen, mit Ausbindezügeln zu arbeiten. Sie verlaufen von den seitlichen Ringen des Nasenriemens zum Sattel und lehren das Pony den Kopf richtig zu halten, sich in die Richtung zu wenden und zu biegen, in die es geht, und sein Gleichgewicht zu halten. Am besten sind elastische Zügel, denn sie geben wie die Hand des Reiters etwas nach. Später befestigt man sie an den Gebißringen und gewöhnt so das Pony an den Druck im Maul.

Gewöhnung an den Straßenverkehr

Ausbildung im Springen

Wenn es sich ruhig reiten läßt, wird es an den Verkehr gewöhnt. Zuerst bringt man es mit anderen Ponys auf eine breite Straße, möglichst mit einem grasbewachsenen Seitenstreifen. Wenn es sich sicherer fühlt, kann es als vorderstes Pferd gehen, und schließlich kann man auch allein mit ihm ausreiten.

Sobald es über Stangen traben kann, kannst du es über niedrige Hindernisse springen lassen. Longiere es im Halbkreis und dann in gerader Linie über das Hindernis. Seitlich liegt eine Stange dagegen, damit sich die Longe nicht verfängt oder das Pony um das Hindernis herumläuft. Stelle dich so, daß du das Pony vorwärtstreiben kannst.

Fortschritte im Reiten (1)

Um ein guter Reiter zu werden, brauchst du viel Anleitung und Übung. Aber allein kannst du keine Fortschritte machen, auch das Pony muß dazulernen. Wenn es sich zum Beispiel gegen das Gebiß sträubt, werden deine Hände nicht feinfühlig. Und wenn es nicht im Gleichgewicht ist, kannst du nicht fest im Sattel sitzen. Ihr müßt also eng zusammenarbeiten. Auf S. 68–72 wird erklärt, was du beachten und üben solltest.

1. Schub: Das ist die Kraft, mit der dein Pony vorwärtsgeht. Sie muß aus den Hinterbeinen kommen.
2. Haltung: Das ist die Art, wie das Pony sein Gewicht – besonders Kopf und Hals – und auch dein Gewicht trägt.
3. Biegsamkeit: Ein steifes Pony läßt sich nicht gern reiten. Es muß durch besondere Übungen biegsam werden. Diese Entwicklung dauert lange. Du brauchst daher viel Geduld und Anleitung durch einen erfahrenen Lehrer.

Der Schub

Dein Pony sollte den Eindruck erwecken, als habe es in der Hinterhand Energie gespeichert, durch die es auf deinen Befehl vorwärtsgetrieben wird. Das nennt man Schub. Mit deinen Beinen sagst du ihm, wann es diese Energie einsetzen soll.

Ein junges oder schlecht zugerittenes Pony scheint dagegen immer wieder stehenbleiben zu wollen, wenn man es nicht ständig mit den Fersen antreibt. Seine Hinterhandmuskeln sind nämlich noch schwach, und es kann sich noch nicht richtig mit den Fesselgelenken abstoßen.

So verbesserst du deine Reithaltung

Ein ungeschultes Pony

Hier liegt das Gewicht überwiegend auf den Vorderbeinen, der Hals wird gestreckt, der Kopf nach vorn gehalten. Da es keinen Reiter trägt, brauchen die Fesselgelenke nicht viel Kraft.

Ein gut zugerittenes Pony

Übungen, die den Schub verbessern

Wenn du in der richtigen Reithaltung und gut ausbalanciert im Sattel sitzt, kannst du dein Pony mit den Unterschenkeln zu kraftvollem Laufen antreiben. Das lernst du am besten im Trab und ohne Steigbügel, möglichst an der Longe. Später, wenn du das gut kannst, versuchst du, ohne Zügel und Steigbügel zu springen.

Durch richtiges Zureiten hat es gelernt, sein Gewicht mehr mit den Hinterbeinen zu tragen. Es bewegt sich gelöster und ist nun leichter unter Kontrolle zu halten.

Gewöhnung an das Gebiß

Man sagt, ein Pony „nimmt das Gebiß an", wenn es das Mundstück auf den empfindlichen Seiten seines Mauls ruhen läßt, ohne daß es sich dagegen wehrt oder den Hilfen des Reiters auszuweichen versucht. Erst jetzt kann man ihm beibringen, mit gleichbleibender Kopfhaltung in jede gewünschte Richtung zu gehen.

Häufige Fehler

Kopf zu hoch. Pony entzieht sich dem Druck des Gebisses. Der Hals ist steif, so daß es schlecht zu lenken ist.

Statt auf die Hilfen des Reiters zu reagieren, verkürzt das Pony den Hals und läßt das Gebiß „durchfallen".

Das Pony drückt den Kopf nach innen gegen die Brust und wehrt sich gegen die Zügelhilfen.

Der Kiefer ist steif und der Hals vorgestreckt. Meist liegt das daran, daß der Reiter harte Hände hat.

Die Haltung

Im Laufe der Ausbildung bekommt dein Pony aÌlmählich ein strafferes und kräftigeres Aussehen. Die Hinterhand übernimmt mehr Arbeit, und es hält sich nun auch ohne deine Hilfe gut.

Um zu sehen, ob es schon so weit ist, streckst du beim Traben deine Hände einige Schritte lang weit nach vorn. Ein Pony, das sich gut hält, ändert dabei Geschwindigkeit und Haltung nicht.

So bekommt dein Pony eine bessere Kopfhaltung

Kopf tiefer nehmen

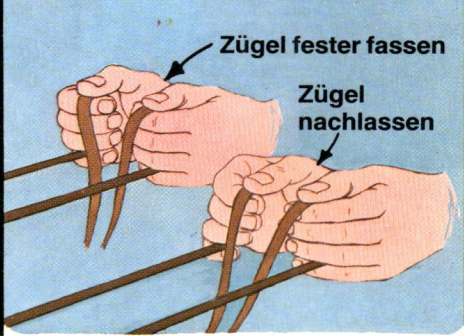

Zügel fester fassen

Zügel nachlassen

Deine Hände müssen sanft und gefühlvoll sein. Fasse die Zügel etwas fester. Wenn das Pony das Gebiß annimmt und den Kiefer entspannt, läßt du die Zügel sofort etwas nach.

Kopf höher nehmen

Nicht den Kopf nach oben ziehen! Bringe die Hinterhand durch Gesäß- und Schenkeldruck zu kräftigerer Bewegung. Dadurch wird die Vorderhand entlastet, das Pony hebt den Kopf.

Fortschritte im Reiten (2)

Biegsamkeit

Biegsamkeit ist sehr wichtig, denn nur ein biegsames Pony kann leicht die Gangart oder die Richtung wechseln und dabei sein Gleichgewicht halten.

Wenn dein Pony auf einer Seite etwas steif ist und sich nur schwer nach dieser Seite biegen läßt, mußt du diese Hand mehr trainieren. Hier werden einige Übungen zu mehr Biegsamkeit gezeigt. Übe immer nur kurz und mit einem Lehrer.

Seitengänge

Normalerweise sollten die Hinterbeine des Ponys der Spurenlinie der Vorderbeine folgen. Man nennt das „Reiten auf einem Hufschlag".
Die Biegsamkeit wird besonders durch Übungen verbessert, bei denen das Pony Vorder- und Hinterbeine auf verschiedenen Spurenlinien bewegt. Das nennt man Seitengänge. Dabei muß das Pony Wirbelsäule und Körper biegen und kräftig mit den Hinterbeinen arbeiten.

Erfahrene Reiter üben Seitengänge bei der Ausbildung und später zur Erhaltung der Kondition des Ponys. Durch Übungen, wie sie hier gezeigt werden, lernt es Gehorsam, so daß es der Reiter besser beherrschen kann.

Wendung auf der Vorhand

Halte den Kopf des Ponys ruhig. Tippe dem Pony gegen die Seite, so daß es die Hinterhand von dir weg bewegt. Die Vorderbeine treten auf der Stelle.

Die Acht

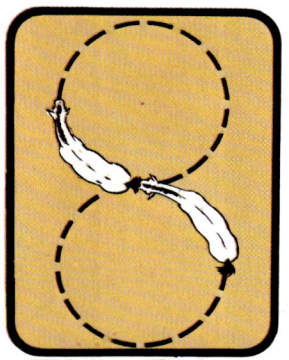

Die Acht fördert die Biegsamkeit, denn dabei muß das Pony seine Wirbelsäule erst nach der einen und dann nach der anderen Seite biegen.

Gib nun die gleichen Hilfen vom Sattel aus:
Halte das Pony mit den Zügeln zurück, damit es nicht geradeaus geht. Nimm den rechten Zügel etwas kürzer und treibe mit dem rechten Schenkel hinter dem Gurt die Hinterhand seitwärts.

Sitz und Haltung

Du solltest so locker und sicher im Sattel sitzen, als ob du mit dem Pony verwachsen wärst. Knie und Oberschenkel liegen eng am Sattel an, Arme und Unterschenkel sind entspannt. So kannst du deinem Pony durch leichte Hilfen mitteilen, was es tun soll, und mit Händen und Gesäß spüren, wie es darauf reagiert.

Das Gewicht des Reiters liegt zu weit vorn.

Der Reiter sitzt zu steif und mit Hohlkreuz.

Das Gewicht des Reiters liegt zu weit hinten.

Richtiger Sitz: tief im Sattel, mit erhobenem Kopf und geraden Schultern.

Halbe Parade

Das ist eine fast unsichtbare Art, das Pony aufmerksam und im Gleichgewicht zu halten, bevor es Richtung oder Gangart wechseln soll. Setze dich dazu tief in den Sattel und drücke mit den Schenkeln gegen die Gurte. Nimm dabei die Zügel etwas straffer, so als ob du das Pony halten lassen wolltest. Wenn du merkst, daß die Hinterläufe nach vorn drängen und das Gewicht von den Vorderläufen weg verlagert wird, hörst du auf, Hilfen mit Händen und Schenkeln zu geben.

Schulter herein

Dabei ist das Pony von der Wand der Reithalle zur Bahnmitte gebogen – so als ob es im Kreis gehen wollte –, bewegt sich aber an der Wand entlang auf einer geraden Linie vorwärts. Das ist die einzige Übung, bei der der Kopf des Ponys nicht in die Richtung zeigt, in die es geht. Das macht das Pony biegsamer, und der Reiter bekommt Kontrolle über die Hinterhand. Dadurch kann man es leichter zum Stehen bringen, falls es beim Ausreiten scheut.

Hilfen für „Linke Schulter herein"

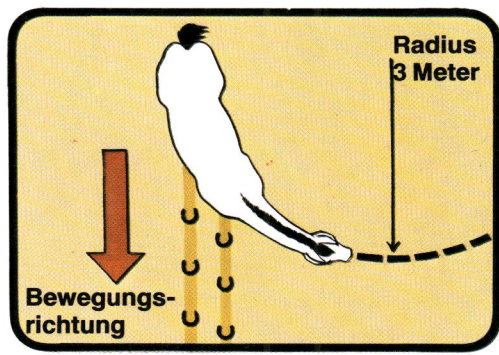

Trabe zuerst um eine Ecke. Gib dabei Hilfen für eine Wendung, so daß sich das Pony zur Bahnmitte biegt, treibe es dann aber durch Druck mit dem linken Schenkel geradeaus.

Arbeitstrab

Das Pferd lernt in jeder Gangart vier verschiedene Tempi. Alle wesentlichen Bewegungen vollziehen sich im Arbeitstrab, einer heiteren, lebhaften Gangart mit stetigen, fließenden Tritten. Der Reiter kann dabei aussitzen oder leichttraben.

Mitteltrab

Dabei sind die Tritte des Pferdes raumgreifender. Die Fesselgelenke treten weit unter und stoßen es mit stärkerem Schub vorwärts. Das Pony sollte einen deutlichen Unterschied zwischen Arbeitstrab und Mitteltrab erkennen lassen.

Versammelter Trab

Das kann man nur von einem Pony verlangen, das sehr erfahren, biegsam und gut ausbalanciert ist. Es ist eine langsamere, kraftvolle Gangart mit kurzen, erhabenen Tritten. Das Pferd richtet sich dabei höher auf, auch der Hals ist höher und geschwungen. Der Reiter sitzt aus.

Starker Trab

Das ist das schnellste Tempo beim Traben. Die Tritte sind lang und raumgreifend. Der starke Trab erfordert eine kräftige Hinterhand, die das Gewicht des Reiters trägt, damit die Schultern für die langen Tritte entlastet sind.

Fortschritte im Springen

Nicht jedes Pony kann ein gutes Springpferd werden. Die meisten lernen jedoch bei sorgfältigem Training eine Reihe von etwa 1 m hohen Hindernissen zu überspringen. Dafür sollte das Pony mindestens 5 Jahre alt und gut ernährt sein. Springen ist nämlich sehr anstrengend und verlangt von Pferd und Reiter gute Kondition.

Grundlegende Übungen und die Arbeit an Cavaletti machen dein Pony gehorsam und lassen es die Muskeln entwickeln, die es zum Springen braucht. Fange mit niedrigen Hindernissen an und erhöhe sie erst allmählich, wenn das Pony mutiger geworden ist. Überfordere es nicht, sonst wird es abgeschreckt. Schon aus ein paar bunten

Stangen und Stützen entstehen viele verschiedene Hindernisse. Stelle sie immer wieder anders auf – in wechselnden Abständen und Richtungen –, denn das wirst du auch auf Turnierplätzen antreffen. Nach einer guten Leistung wird das Pony mit einem Klaps oder einer kurzen Pause belohnt.

Der Springsitz

Beim Springen verlagerst du das Gewicht vom Rücken des Ponys weg nach vorn und machst die Steigbügel einige Löcher kürzer, damit du mehr Halt hast. Übe den Springsitz auch bei niedrigen Hindernissen, damit du ihn sicher beherrschst.

Der Absprung

2 Schritte   1 Schritt

Ein guter Reiter bringt sein Pony gut ausbalanciert und mit genügend Schub an die Hindernisse. Er kann die Schritte des Ponys so verkürzen oder verlängern, daß es den richtigen Absprung findet. Dafür muß er den Gang des Ponys spüren und die Entfernung

zur geeigneten Absprungstelle abschätzen können. Benutze zum Üben Markierungszeichen und eine Stange – siehe Bild – und zähle beim Anreiten jedesmal die Schritte des Ponys. Durch die Stange kommt das Pony gut an die richtige Absprungstelle.

An der Longe über ein Hindernis

Diese Übung dient der Verbesserung von Gleichgewicht und sicherem Sitz. Anfangs kannst du dich an einem Halsriemen festhalten, übe aber ohne Steigbügel und Zügel. Wenn du die Augen schließt, spürst du den Gang des Ponys besser.

Verweigern

Selbst ein gutes Springpferd kommt gelegentlich schlecht ausbalanciert ans Hindernis und bleibt stehen. Reite neu an, dann wird es springen. Wenn es allerdings häufiger verweigert, mußt du den Grund dafür finden. Vielleicht ist ihm das Hindernis zu hoch oder der Boden zu hart; vielleicht reitest du nicht entschlossen genug an. Versuche es mit einem niedrigeren Hindernis und gib eine Belohnung, wenn der Sprung gelungen ist.

Die Spaliergasse

In der Spaliergasse gewinnt das Pony Mut und lernt, sein Schrittmaß rasch zu beurteilen. Treibe das Pony ständig an, damit es nicht mittendrin stehenbleibt. Eine Spaliergasse kannst du leicht selber machen, wenn du parallel zu einer Hecke einen Zaun aufstellst.

So ist es falsch!

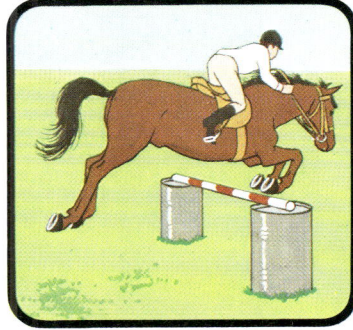

Reiter zu weit hinten. Gewicht auf der falschen Stelle.

Zu früh zu weit vorn. Bringt das Pony aus dem Gleichgewicht.

Beine zurück- und hochgerutscht. Reiter kann keine Hilfen geben.

Nie nach unten blicken, sondern geradeaus aufs nächste Hindernis.

Hindernisse

Das sind einige der Hindernisse, die du auf einem Turnierplatz vorfindest. Die unterschiedlichen Hindernisarten verlangen sowohl vom Pony als auch vom Reiter die verschiedensten Fähigkeiten. Sieh dir die Hindernisse und ihre Bauart an und baue dir Übungshindernisse, damit sich dein Pony schon vor dem Turnier daran gewöhnen kann.

Hochsprung

Senkrecht stehende, steile Hindernisse, wie Stangen, Bretterzäune, Gatter oder Mauern sind für ein Pony recht schwierig, besonders wenn sie keine eindeutige Grundlinie haben.

Beim Anreiten sollte es den Kopf senken, um Größe des Hindernisses und Absprungstelle abzuschätzen. Auch die Geschwindigkeit ist wichtig: Wenn das Pony zu schnell ist, springt es vielleicht zu früh ab und reißt das Hindernis mit der Hinterhand um. Wenn es zu langsam ist, springt es zu flach und stößt das Hindernis mit der Vorderhand um.

Hoch-Weitsprung

Hier muß das Pony sowohl hoch als auch weit springen. Hindernisse wie Triplebarre, Schweinerücken, gekreuzte und schräge Stangen wirken einladend, da sie vorn niedriger als hinten sind. Das Pony kann dicht herangehen und nahe an der Grundlinie abspringen, ohne das Hindernis vorn einzureißen. Übe niedrige Hoch-Weitsprünge. Dabei bekommt das Pony Mut und lernt, den Rücken zu biegen und zu strecken.

Karree-Oxer

Karree-Oxer sind schwierig zu springen, weil Vorder- und Hinterkante auf gleicher Höhe liegen. Das Pony muß dabei genau an der richtigen Stelle abspringen und kann das Hindernis nur durch einen besonders kräftigen Sprung überqueren. Außerdem ist es für das Pony schwierig zu beurteilen, wie weit der Sprung sein muß. Karree-Oxer können aus Stangen, Planken und Oxern bestehen. Ein Oxer ist eine niedrige Hecke, die vorn und hinten höhere Stangen hat. Stangen, die auf gleicher Höhe mit der Hecke liegen, eignen sich nur für Fortgeschrittene, denn sie sind sehr schwierig zu springen.

Wassergraben

Dieses Weitsprunghindernis wurde schon immer bei großen Turnieren verwendet und ist jetzt auch bei kleineren Veranstaltungen zu finden. Es gibt manchmal Schwierigkeiten damit, weil viele Ponys nicht damit vertraut sind.
Reite im Arbeitsgalopp an. Wenn du zu schnell galoppierst, hat das Pony vielleicht nicht mehr genug Schwung, um über den Graben zu kommen. Befestige eine Plastikplane als „Wassergraben" auf der Erde und lege eine Stange quer darüber, bis das Pony verstanden hat, worum es geht.

Kombination

Eine Kombination besteht aus zwei oder drei Hindernissen, die so dicht beieinanderstehen, daß das Pony dazwischen nur jeweils einen oder zwei Schritte machen kann. Die „zweifache Kombination" hat zwei Hindernisse, die „dreifache Kombination" drei. Man braucht dafür großes Können und ein gehorsames Pony, muß genügend Schub haben, um über alle Teile hinwegzukommen, und die Schritte des Ponys so einteilen, daß es jeweils richtig abspringt.

75

Vorbereitung auf das Turnier

Turniere machen Spaß. Du triffst dabei mit Freunden und ihren Ponys zu einem fröhlichen Wettstreit zusammen. Es gibt so viele verschiedene Veranstaltungen, daß du für dich und dein Pony immer etwas Passendes finden wirst. Ankündigungen findest du in der Tageszeitung oder in Pferdesportzeitschriften.

Laß dir für verschiedene Turniere Unterlagen schicken und studiere sie gründlich, damit du sicher sein kannst, daß dein Alter und die Größe deines Ponys den Teilnahmebedingungen entsprechen. Melde dich nicht für zu viele Prüfungen an, vor allem wenn dein Pony im Freien gehalten wird.

Schicke deine Anmeldung frühzeitig ab: Springprüfungen können auf eine bestimmte Teilnehmerzahl beschränkt sein. Falls du nicht zum Turnierort reiten kannst und keinen Transportanhänger hast, mußt du dich selbst um den Transport kümmern. Hier noch einige Tips, wie dein Pony an diesem Tag besonders gut aussieht.

Zusätzliches Training

Einige Wochen lang vor dem Turnier wird das Pony viel und regelmäßig bewegt, damit es fit wird. Bringe ihm nach einem Trainingsplan alles bei, was es können muß.

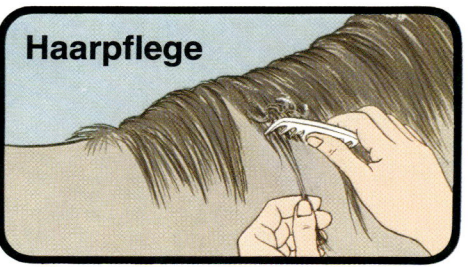

Haarpflege

Bearbeite die Haare an den Fesselgelenken und die langen Haare unter dem Kinn mit Schere und Kamm. Die Mähne wird gekürzt und verdünnt, indem man die unteren langen Haare ausreißt.

Reinigen der Ausrüstung

Nach dem Trocknen das Leder gut einölen. Am Tag vor dem Turnier alle Teile auseinandernehmen und gründlich säubern. Metallteile polieren und alles gebrauchsfertig zusammensetzen.

Gründliches Putzen

Bürste dein Pony einige Wochen lang vor dem Turnier sorgfältig mit der Kardätsche (aber nicht, wenn es auch bei kalter Witterung im Freien lebt!), das strafft seine Muskeln und läßt das Fell glänzen.

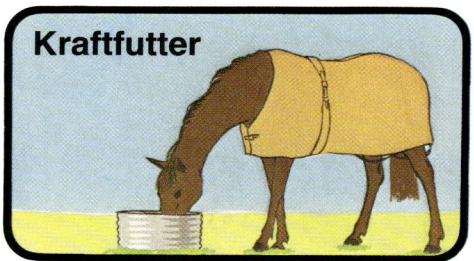

Kraftfutter

Durch zusätzliches Futter wie Preßfutter, Hafer und Gerste bekommt das Pony ein besseres Aussehen und mehr Energie. Zuviel Grasfutter läßt es dick werden, und dicke Ponys ermüden schnell.

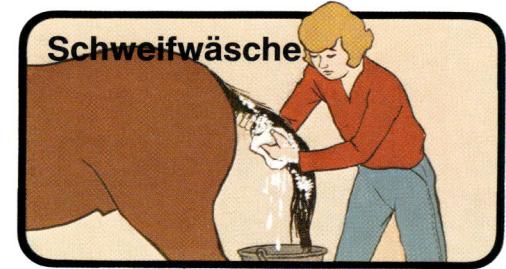

Schweifwäsche

Wasche den Schweif am Tag vor dem Turnier mit einem milden Haarwaschmittel (sorgfältig ausspülen!). Entwirre und bandagiere ihn, damit er hübsch aussieht.

Was du mitnehmen mußt

Schreibe alles auf, was du brauchst, und überprüfe vor dem Aufbruch, ob du alles hast.

Sattel
Trense
Martingal
Hufkratzer
Putzzeug
Beschlagzeug
Apotheke
Heunetz
Futter
Wassereimer
Sturzkappe
Reitkleidung
warme Decke
leichte Decke
Gamaschen
Schweifschoner
Knieschützer
Seil

Am Morgen des Turniers

Nimm dir genügend Zeit. Füttere das Pony rechtzeitig, putze es und flechte ihm die Mähne. Dafür mußt du über eine Stunde einplanen. Anschließend machst du dich selbst fertig. Ziehe Jeans über die Reithose, damit sie sauber bleibt.

Für die Fahrt im Transportanhänger mußt du dem Pony zum Schutz Beine und Schwanz bandagieren und ihm eine Decke auflegen. Parke den Anhänger an einer ruhigen Stelle. Bringe zuerst alles Gepäck hinein, damit dein Pony nicht im Anhänger warten muß und nervös wird. Führe es dann ruhig hinein und gib ihm zur Aufmunterung etwas zu fressen.

Falls du zum Turnier reitest, plane genügend Zeit für langsames Reiten und eine Ruhepause vor dem Turnier ein. Laß dir die Ausrüstung am besten mit dem Auto hinbringen. Wenn das nicht geht, nimmst du die Ausrüstung (möglichst wenig) im Rucksack mit.

Ankunft auf dem Turnierplatz

Parke nahe am Wettkampfplatz, damit du das Programm verfolgen und den Lautsprecher hören kannst, ohne daß du dich weit von deinem Pony entfernen mußt. Schau nach, ob es die Fahrt gut überstanden hat, und lade es vorsichtig aus. Das Pony auf dem Bild konnte sich umdrehen, häufig müssen die Ponys aber rückwärts aus dem Anhänger gehen.

Wenn du geritten bist oder dein Pony nicht im Anhänger lassen kannst, binde es an einer ruhigen, schattigen Stelle an. (Nicht an einem Stacheldrahtzaun oder in der Nähe fremder Ponys!) Laß es unter Aufsicht, wenn du zur Meldestelle gehst.

Springturniere

Springen ist ein beliebter, gut organisierter Sport. Studiere vorher gründlich die Regeln. Es kommt nicht darauf an, am höchsten zu springen, sondern den Parcours ohne Fehlerpunkte zu beenden.

An manchen Wettbewerben können nur Ponys und Reiter teilnehmen, die nicht schon früher einen Preis gewonnen haben. Manchmal ist auch das Alter der Teilnehmer oder die Größe der Ponys begrenzt. Wähle sorgfältig, damit du gegen Reiter antrittst, die etwa das gleiche Alter und dasselbe Können haben wie du.

Wenn mehrere Reiter ohne Fehlerpunkte bleiben, gibt es ein Stechen. Das ist ein zweiter Durchgang, meist über einen verkürzten Parcours mit höheren Hindernissen. Manchmal springt man dabei „gegen die Zeit", d. h. von zwei Reitern mit gleicher Fehlerzahl gewinnt der schnellere.

Frühzeitig ankommen!

Hol dir bei der Meldestelle Startnummer und Startliste. Wenn du deine Startnummer selbst wählen kannst, reite nicht als einer der ersten: Andere Reiter vorher zu beobachten, kann dir vielleicht nützlich sein.

Parcours abschreiten

Meist hängt eine Parcoursskizze aus. Schau sie dir gründlich an und gehe dann die Strecke genau so ab, wie du sie nachher reitest. Achte auf schwierige Hindernisse und Wendungen.

Auf dem Sammelplatz

Ein paar Minuten, bevor deine Nummer aufgerufen wird, gehst du auf den Sammelplatz. Reite im Schritt etwas umher, damit das Pony aufmerksam und warm bleibt. Beim Aufruf reitest du an den Start.

Am Start

Reite bis zum Startsignal etwas umher, damit sich das Pony an den Turnierplatz gewöhnt. Achte darauf, daß es im Rechtsgalopp geht. Reite über die Startlinie – und dann los!

Nach vorn blicken!

Während du über ein Hindernis springst, solltest du schon zum nächsten schauen und vorausdenken. Denke daran, daß dein Pony den Parcours nicht kennt und sich auf deine Führung verläßt.

Nach dem Ritt

Reite im Schritt vom Platz. Lobe dein Pony, auch wenn du nicht erfolgreich geritten bist. Sitze ab und lockere den Sattelgurt. Bestrafe das Pony nie für Fehler, die es auf der Bahn gemacht hat.

Der Parcours

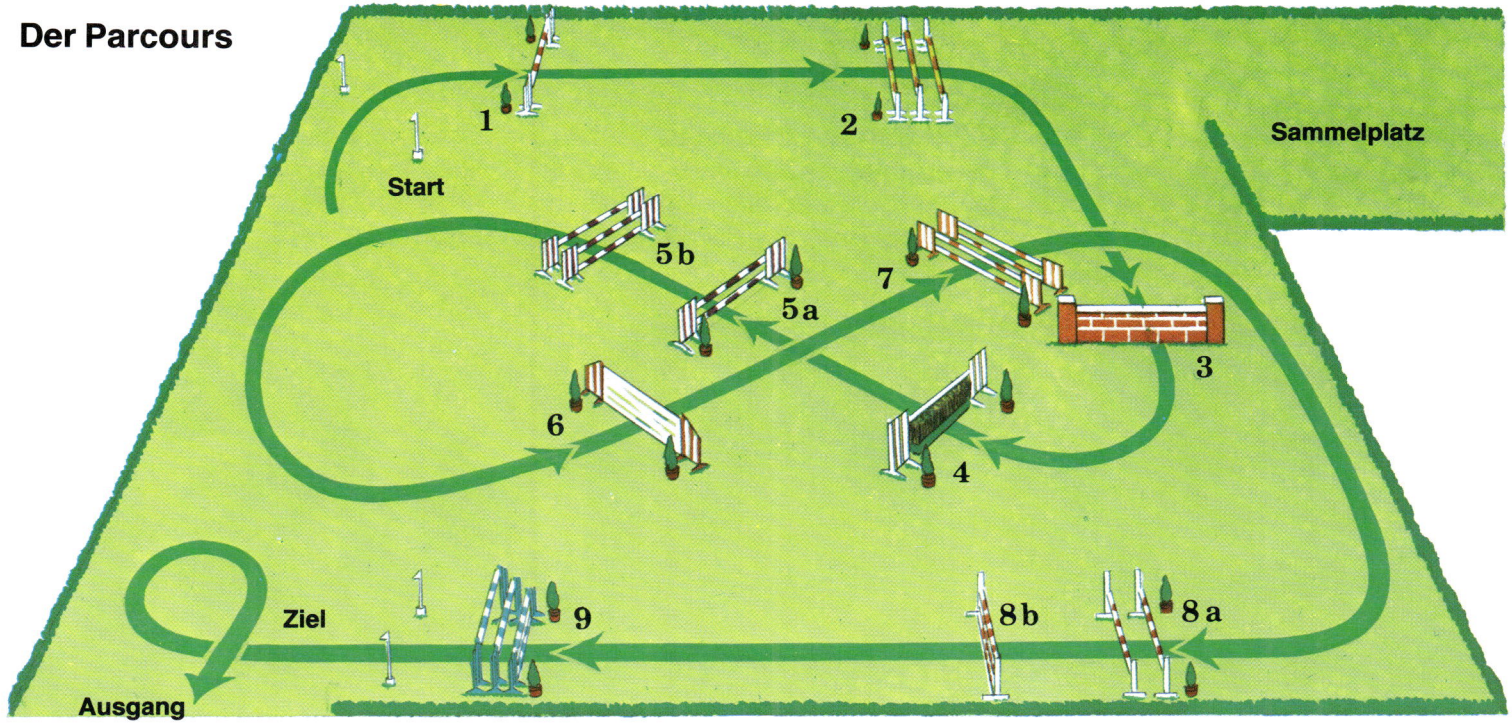

Sammelplatz

Start

Ziel

Ausgang

Ein Parcours für junge Reiter hat mindestens 7 Hindernisse, darunter eine Kombination. Sie werden so aufgebaut, daß Pony und Reiter daran ihre Fähigkeiten zeigen können. Meist wird so bewertet: „Reißen" gibt 4 Fehlerpunkte, das erste Verweigern 3,

das zweite 6, beim dritten scheidet man aus. Ein Sturz bringt 8 Fehlerpunkte.

1 Stangenrick (Hochsprung)
2 Schweinerücken
3 Mauer

4 Oxer
5 Zweifache Kombination mit (a) Hochsprung und (b) Weitsprung
6 Gatter
7 Karree-Oxer
8 Zweifache Kombination mit (a) Weitsprung und (b) Hochsprung
9 Triplebarre

Einige Hinweise zur Erinnerung

1 Ecken ausreiten

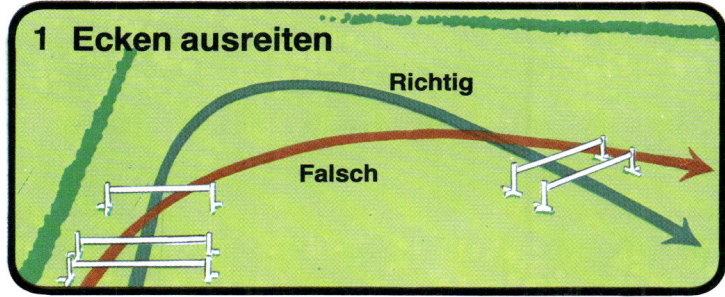

Reite den Bogen weit aus, damit das Pony nicht schräg abspringen muß, sondern Zeit hat, die Höhe abzuschätzen und die Schritte bis zum Absprung einzuteilen.

2

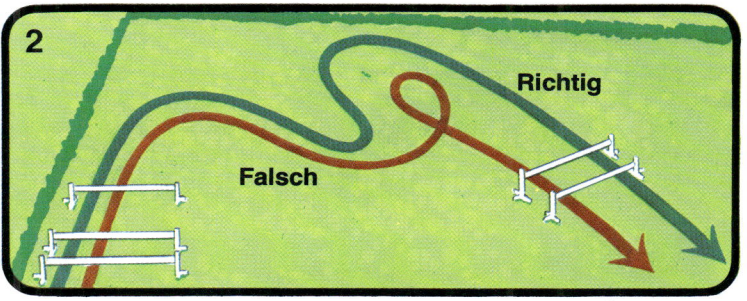

Wenn du zu nahe an das Hindernis herangegangen bist, darfst du keinen Kreis reiten – das gilt als Verweigern! Reite im weiten Bogen zurück, so daß du wieder einen längeren Anritt hast.

Verweigern

Wenn dein Pony verweigert, gibst du ihm mit der Gerte einen scharfen Schlag und lenkst es vom Hindernis weg. Galoppiere einen Halbkreis und reite von neuem entschlossen auf die Mitte des Hindernisses zu.

Stürzen

Schau nach einem Sturz sofort nach deinem Pony. Seid ihr beide unverletzt, dann sitze auf und reite weiter. Bist du gestürzt, ehe du ein Hindernis ganz übersprungen hattest, mußt du noch einmal darüberspringen.

Reiterspiele

An solchen Wettbewerben kannst du meist im Rahmen eines Turniers gegen eine geringe Gebühr teilnehmen. Es gibt dabei verschiedene Altersklassen, damit jeder eine echte Chance hat.

Suche dir Wettspiele aus, die dein Pony besonders gut kann, und mache nicht überall mit, außer wenn dein Pony wirklich fit ist, denn die vielen Wettrennen

sind sehr anstrengend. Häufig spielen Reiterteams verschiedener Ponyclubs gegeneinander oder gegen Teams aus anderen Ländern.

Das muß dein Pony können:

Fast jedes Pony eignet sich für Geschicklichkeitswettbewerbe. Geduldiges und zunächst langsames Üben zu Hause ist dafür allerdings Grundvoraussetzung.
Wichtig sind Schnelligkeit und Gehorsam

sowie rasches Wenden und Anhalten. Lehre dein Pony, sofort anzuhalten, wenn du die Füße aus den Steigbügeln nimmst, und auch neben dir herzulaufen. Lerne schnell auf- und

abspringen und mit einer Hand zu reiten. Die Kinder hier spielen Sackhüpfen zu Musik. Sobald die Musik aufhört, versucht jeder, als erster den Sack zu erreichen.

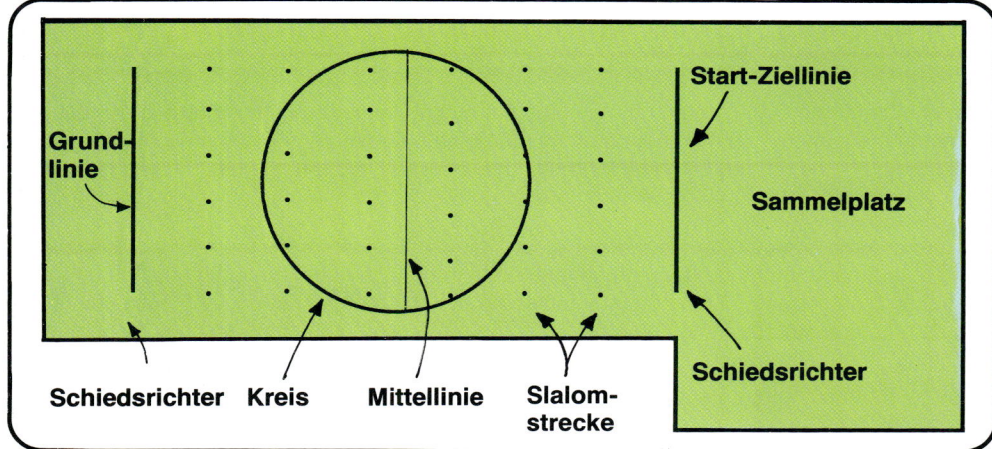

Einige Regeln

Du mußt, wie immer beim Reiten, eine Sturzkappe tragen. Am besten eignet sich eine Kappe mit biegsamem Schirm und einem Kinnriemen, der sie auf dem Kopf festhält.

Du darfst weder Peitsche noch Sporen tragen. Ein ungehorsames Pony kann ausgeschlossen werden. Kranke Ponys und Ponys unter vier Jahren dürfen nicht teilnehmen.

Wenn du beim Wettrennen etwas verlierst, z. B. das Staffelholz, darfst du es aufheben und weiterreiten. Wenn du eine Slalomstange umreißt oder ausläßt, mußt du zurückreiten, sonst scheidest du aus.

Das Spielfeld

So oder ähnlich sieht das Spielfeld aus. Die Start-Ziellinie ist meist durch einen weißen Strich oder durch Flaggen an beiden Enden markiert. Zuerst kommen häufig Slalom-

rennen, dann werden die Stangen weggenommen. Warte am Sammelplatz auf deinen Wettbewerb, versperre aber nicht den Ausgang des Spielfelds.

Diese Ponyspiele machen viel Spaß!
Falls sehr viele Reiter teilnehmen
wollen, findet vielleicht zuerst ein Aus-
scheidungsrennen statt. Die Sieger
treten im Finale gegeneinander an.

Slalomrennen

Beim Slalomrennen reitet man so schnell wie
möglich zwischen den Stangen hindurch über
das Spielfeld. An der letzten Stange wendet
man und reitet im Slalom zurück zur Startlinie.

Fahnen-rennen

Ziehe jede Flagge aus ihrer Halterung und
stecke sie in den bereitstehenden Flaggen-
halter. Dann geht es im Galopp zur Startlinie
zurück.

Sackhüpfen

Galoppiere von der Startlinie zu deinem Sack,
springe ab und schlüpfe hinein. Dann hüpfst
oder rennst du zur Ziellinie, dabei mußt du das
Pony führen.

Ballon-Greifen

Ähnlich wie beim Fahnenrennen mußt du hier
nacheinander Ballons holen, die an einem
Pfosten befestigt sind. Dein Pony sollte an das
Geräusch platzender Ballons gewöhnt sein!

Kartoffelrennen

Dabei mußt du möglichst viele Kartoffeln von
der Spielfeldmitte holen und in einen Eimer
werfen. Du darfst aber immer nur eine Kartoffel
mitnehmen.

Rekord-Hochspringen

Die Reiter springen nacheinander über ein
Hindernis. Wer verweigert oder „reißt", scheidet aus. Nach jeder Runde wird das Hindernis
erhöht. Wer am höchsten springt, gewinnt.

Hindernislauf

Es gibt die verschiedensten Hindernisse:
Vielleicht mußt du über umgedrehte Blumen-
töpfe laufen und dabei das Pony führen, durch
einen Reifen oder unter einer Hürde hindurch-
kriechen und dann sackhüpfen, ein Hindernis
überspringen, eine Nadel einfädeln, einen
Sack voll Stroh schleppen oder ein Ei auf dem
Löffel tragen.

Wandern zu Pferd (Trekking)

Dieser Sport wird dir viel Freude machen, auch wenn du noch nicht viel geritten bist. „Reiterferien" dauern meist eine Woche, und manche Veranstalter nehmen dazu auch Kinder ohne ihre Eltern auf. Vielleicht erfährst du beim Verkehrsverein, wo entsprechende Reitzentren zu finden sind. Such dir möglichst nur solche aus, die von den Reit- und Fahrvereinen empfohlen werden.

Auf Reiterfreizeiten macht man täglich einen längeren Ausflug zu Pferd und kehrt abends in die Unterkunft zurück. Manche Reitzentren organisieren auch mehrtägige Ausflüge, auf denen man jede Nacht an einem anderen Ort verbringt.

Das brauchst du:

Richte dich mit mehreren T-shirts und dicken, warmen Pullis sowohl auf Hitze als auch auf Kälte ein. Reit- oder Kordhosen sind strapazierfähig und bequem; Jodphurhosen oder Jeans könnten dich beengen und an einem langen, heißen Tag wundreiben. Zum Reiten trägst du am besten Schnürschuhe oder Reitstiefel, bei der Stallarbeit an nassen Tagen Gummistiefel.

Vor dem Aufbruch

Richte dich mit der Kleidung auf jede Witterung ein, denn selbst im Hochsommer kann es kühl werden. Auch dein Pony soll es bequem haben: Es darf keine Druckstellen vom Gurt oder vom Sattel haben. Die Hufeisen müssen gut sitzen, und es dürfen keine Nägel herausragen. Brich nie mit einem Pony auf, das nicht ganz fit ist.

Stelle die Riemen auf die passende Länge ein, damit du bequem reiten kannst.

Die Steigbügel müssen so groß sein, daß du mit den Füßen leicht hinein- und herausschlüpfen kannst und bei einem Sturz nicht mit den Füßen darin hängenbleibst.

Trage eine Sturzkappe! Bei Regen kannst du die Anorakkapuze darüberziehen.

An kühlen Tagen brauchst du Handschuhe, denn mit kalten, steifen Fingern kannst du schlecht Hilfen geben.

Die Ponys tragen bei Ausflügen entweder ein Halfter mit Gebiß oder eine Trense mit einem Halfter darüber.

Nimm einen festen Reitumhang oder ein Plastikcape als Regenschutz mit. Es wird zusammengerollt und an einem der D-Ringe am Sattel festgebunden.

Satteltasche mit deiner Verpflegung und Futter für das Pony.

Schuhe mit Schnallen oder Keilabsätzen sind gefährlich, damit kann man am Steigbügel hängenbleiben. Mit Turnschuhen rutscht man dagegen ab.

Bei der Ankunft

Am ersten Tag richtet man sich ein und freundet sich mit dem Pony an, das man reiten soll. Vielleicht darfst du am Nachmittag auch schon kurz ausreiten. Höre dir alle Hinweise aufmerksam an und halte dich an die Stallordnung.

Satteln und Zäumen

In manchen Reitzentren tun das die Reiter selber; in anderen darfst du mithelfen, wenn du willst. Putze dein Pony morgens, ehe du aufbrichst. Entferne dabei mit einer groben Bürste Schmutz und angetrockneten Schweiß und kratze die Hufe aus, ehe du sattelst und aufzäumst.

Im Gelände

Wegen der weiten Entfernungen reitet man vor allem in hügeligem Gelände, meistens im Schritt. Immer ist ein Gruppenleiter dabei, der Ponys und Gelände kennt. Bleib immer in der Reihe, damit du kein anderes Pony beunruhigst. An sehr steilen Stellen mußt du absteigen und zu Fuß gehen, damit das Pony nicht überanstrengt wird.

Rasten

Meist macht man unterwegs eine Stunde Rast. Dabei nimmst du entweder den Sattel ab und legst ihn vorsichtig auf die Erde oder du läßt ihn aufgelegt und lockerst nur den Sattelgurt. Nimm die Trense ab und laß das Pony trinken. Anschließend kannst du es während eures Picknicks grasen lassen.

83

Vielseitigkeitsprüfungen

Für eine Vielseitigkeitsprüfung müssen Reiter und Pferd umfassend ausgebildet und in sehr guter Verfassung sein. Solche Prüfungen bestehen aus drei Teilen: Dressur, Geländeritt und Springen. Bei den schwierigsten Vielseitigkeitsprüfungen (z. B. in Badminton/Großbritannien, in Boekelo/Niederlande und in Luhmühlen/Deutschland) finden die Teilprüfungen an drei verschiedenen Tagen statt. Es gibt auch zweitägige Vielseitigkeitsprüfungen mit einem kürzeren Geländeritt und – für weniger erfahrene Pferde und Ponys – auch eintägige mit einfacher Dressurprüfung, kurzem Geländeritt und Springen. Außerdem gibt es Veranstaltungen, bei denen nur Dressur und Springen stattfinden. Vielseitigkeitsprüfungen sind unterschiedlich schwer: Melde dich daher zuerst bei einer einfachen Prüfung für Anfänger an. Sieger wird der Reiter mit den wenigsten Fehlerpunkten; Fehlerpunkte gibt es für Zeitüberschreitungen und Fehler. Vor einer solchen Prüfung sollte das Pony Kraftfutter bekommen und ein zusätzliches Trainingsprogramm mit allmählich steigenden Anforderungen ableisten.

1 Dressurprüfung

Dabei werden vor allem Schulung und Gehorsam des Ponys geprüft. In der Spitzenklasse werden sehr schwierige Figuren verlangt, aber die Prüfungen für Ponys sind meist recht einfach. Jeder Reiter muß die Dressur im „Dressurviereck" (20 x 40 m) vorführen; bei schwierigeren Wettbewerben ist das Viereck größer. Lerne die Dressuraufgaben und stecke dir eine Bahn ab, auf der du täglich 10 bis 20 Minuten übst. Konzentriere dich besonders auf Übungen, die deinem Pony schwerfallen.

2 Geländeritt

Diese Prüfung ist am spannendsten. Bei großen internationalen Veranstaltungen ist der Parcours bis zu 7,5 km lang und hat etwa 36 feste Hindernisse. Melde dich zuerst für kleine, lokale Veranstaltungen an, wo der Parcours wahrscheinlich nur etwa 1,5 km lang ist und ungefähr 8 Hindernisse hat.
Die Hindernisse beim Geländeritt ähneln den natürlichen Hindernissen, denen du beim Ausreiten begegnest. Sie sind meist massiv und lassen sich nicht umreißen. Jedes Hindernis ist mit Flaggen gekennzeichnet. Vor Beginn der Veranstaltung solltest du immer den Parcours abgehen. Dann weißt du, wie du deinem Pony helfen kannst, jedes Hindernis zu bewältigen.

Heuraufe

Meist ist ein Futtertrog oder eine Heuraufe dabei. Blicke geradeaus und reite entschlossen an, damit das Pony nicht stehenbleibt, um hineinzuschauen.
Nicht zu schnell! Bei einem solchen Hindernis ohne Grundlinie mußt du das Pony gut ausbalancieren und ihm zu verstehen geben, wann es abspringen soll.

Baumstamm

Über einen Baumstamm bist du sicher beim Ausreiten schon oft gesprungen. Suche dir ein kahles Stammstück ohne Äste und lenke das Pony entschlossen darüber.

Wassergraben

Vielleicht mußt du ins Wasser oder darüber hinwegspringen. Übe beides schon vorher beim Ausreiten, damit dein Pony damit vertraut ist.

Böschung

Dabei mußt du auf eine Böschung hinauf- und gleich wieder hinunterspringen. Treibe dein Pony an, damit es nicht zögert und oben stehenbleibt.

Schafspferch

Ein häufiges Hindernis. Man springt von einer Seite hinein und zur anderen hinaus. Wähle den für das Pony einfachsten Weg.

3 Springen

Zuletzt kommt die Springprüfung. Jeder Teilnehmer muß einmal über den Parcours reiten und zeigen, ob sein Pony nach einem Galopp durchs Gelände noch in guter Verfassung ist. Der Parcours ist gerade angelegt, mit etwa 8 nicht allzu hohen Hindernissen und ohne schwierige Wendungen. Die Bewertung ist hier anders als sonst beim Springen: Abwerfen oder das erste Verweigern bringen 5 Fehlerpunkte, das zweite Verweigern 10 Punkte, beim dritten scheidet man aus. Ein Sturz bringt 15 Punkte.

Langstreckenreiten

Langstreckenritte stellen an die Verfassung und das Durchhaltevermögen von Pferden und Reitern große Anforderungen. Sie sind in vielen Ländern beliebt. Zu den berühmtesten (bis 160 km!) gehören der „Tevis Cup" in den USA, die „Quilty" in Australien und das „Goldene Hufeisen" in England. Es gibt aber auch viele kürzere Distanzritte (bis zu 25 km), an denen du mit deinem Pony teilnehmen kannst. Araberpferde sind bei diesem Sport besonders erfolgreich. Um dein Pony darauf vorzubereiten, mußt du mit ihm viele Wochen sorgfältig trainieren.

Gewässer

Hier werden keine Hindernisse aufgebaut, du triffst aber auf natürliche Hindernisse – steile Böschungen, Bäche oder kleine Flüsse.

Laß dein Pony ruhig etwas trinken, achte aber darauf, daß es sich nicht wälzt.

Jugendliche Teilnehmer

Ponyclubs veranstalten manchmal Ausritte für junge Reiter. Du kannst das auch selbst organisieren; sprich aber deine Pläne mit einem erfahrenen Erwachsenen durch und reite nie allein los.

Kartenlesen

Studiere vor dem Ritt die Landkarte, damit dir Kartensymbole und Gelände vertraut werden. Hänge dir die Karte richtig aufgeschlagen in einer Klarsichthülle über die Schulter.

Kontrollpunkte

Unterwegs wird in regelmäßigen Abständen kurz gerastet und das Pony vom Tierarzt untersucht. Du mußt innerhalb einer bestimmten Zeit ankommen, und das Pony muß in guter Verfassung sein.

Reitjagd

Reitjagden dienten früher dazu, Pferde für die Jagd auszubilden und in Form zu halten. Heute sind sie in vielen Ländern ein beliebter Sport geworden. Die Strecke geht im allgemeinen durch Wiesen und Wälder und hat vorwiegend natürliche Hindernisse. Für Ponys und jüngere Reiter gibt es besondere Strecken.

Reitjagden sind keine Rennen. Die Teilnehmer starten in kurzen Abständen und sollen die Strecke ohne Sturz in angemessener Jagdgeschwindigkeit durchreiten.

Präge dir beim Abschreiten den Verlauf der Strecke ein. Halte dich dann rechtzeitig bereit und bewege dein Pony, damit es konzentriert, aber nicht zu aufgeregt ist. Das nennt man ,,abreiten". Wenn deine Nummer aufgerufen wird, überprüfst du den Sattelgurt und gehst dann an den Start.

Mannschaftsgeländeritt

Dieser neue Pferdesport ist in Großbritannien schon sehr beliebt. Häufig organisieren Jagdclubs Geländeritte über einen ziemlich langen Parcours mit Hindernissen (1,5 bis 5,5 km) für Mannschaften von 4 oder 5 Reitern, die zusammen losreiten. Die Mannschaft, von der mindestens 3 (oder 4) Reiter zuerst ankommen, gewinnt. Fehlerpunkte gibt es nicht, da Fehler ohnehin Zeit kosten. Die Mitglieder einer Mannschaft planen gemeinsam, wie sie den Parcours reiten wollen. Oft führt das beste Pferd die anderen an.

Lahmheiten

Wer ein Pony hält, muß damit rechnen, daß es auch einmal lahmt. Das kann vorkommen, wenn ihm ein Bein weh tut oder steif ist.

Lahmen kann die verschiedensten Ursachen haben. Da dir das Pony aber nicht sagen kann, wo es Schmerzen hat, mußt du selbst versuchen, die Ursache herauszufinden.

Hier siehst du, wie man dabei vorgeht. Natürlich muß der Tierarzt deine Diagnose überprüfen und entscheiden, welche Behandlung nötig ist.

1 Welches Bein ist lahm?

Beobachte dein Pony, wenn es auf dich zukommt. Lahmt es vorn, dann „nickt" es, wenn es das gesunde Bein aufsetzt. Mit dem lahmen Bein macht es kürzere Schritte, um es weniger zu belasten.

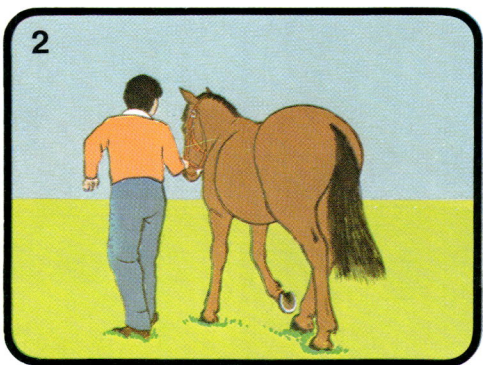

2

Dann laß das Pony von dir weg führen. Lahmt es hinten, so kannst du sehen, wie es auf der gesunden Seite in der Hüfte einknickt, um das kranke Bein zu entlasten.

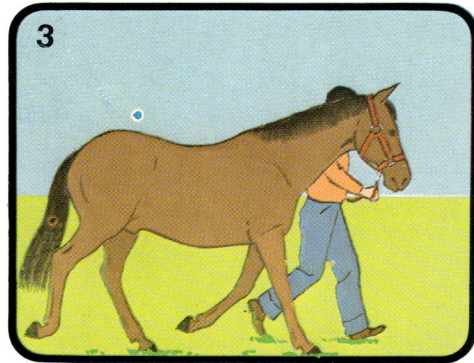

3

Beim Laufen setzt das Pony sein krankes Bein vorsichtig auf. Kommt es mit der Zehe zuerst auf, liegt die kranke Stelle vermutlich hinten am Lauf; bleibt es auf den Ballen stehen, liegt sie vermutlich vorn.

Häufig auftretende Beinverletzungen

Gut gepflegte Ponys sind meist widerstandsfähig und lahmen nicht so leicht. Hier siehst du einige Verletzungen, die du durch Anschauen und Abtasten der Beine feststellen kannst.

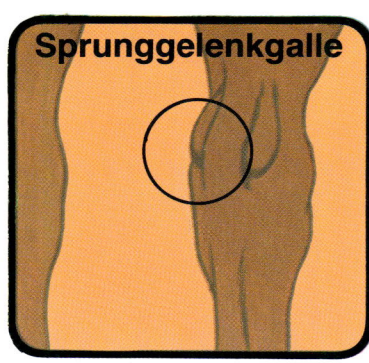

Sprunggelenkgalle

Leichte Schwellung, kann an beiden Seiten des Sprunggelenks auftreten. Nicht schmerzhaft.

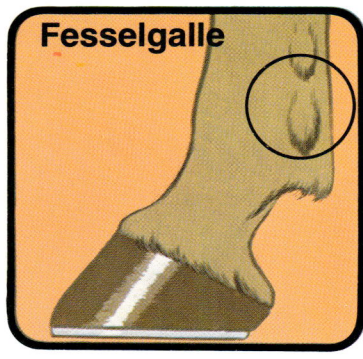

Fesselgalle

Kleine, weiche Schwellungen um die Fessel. Entstehen durch Arbeit auf hartem Boden.

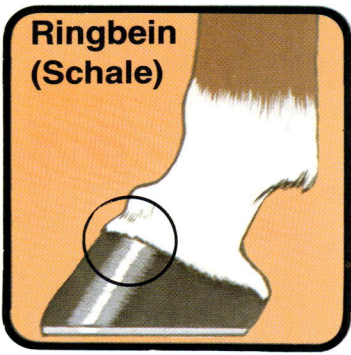

Ringbein (Schale)

Knochenverdickung zwischen Krone und Fessel. Tierarzt rufen.

Lahmen kann durch einen Stoß oder durch ständiges Aufschlagen auf harten Grund verursacht werden. Ponys, deren Beine nicht so gebaut sind, daß sie gut als Stoßdämpfer wirken, sind eher anfällig dafür. Untersuche das lahme Bein sorgfältig auf Schwellungen, schmerzempfindliche und heiße Stellen. Aber selbst gut gepflegte Ponys können einmal lahmen. Wenn du jedoch vernünftig reitest und deine Geschwindigkeit jeweils den Bodenverhältnissen anpaßt, wird es viel seltener zu Verletzungen kommen.

Überbein

Kleine, knochige Auswüchse, hervorgerufen durch hartes Aufschlagen. Verursachen oft nur während der Entstehung Lahmheit.

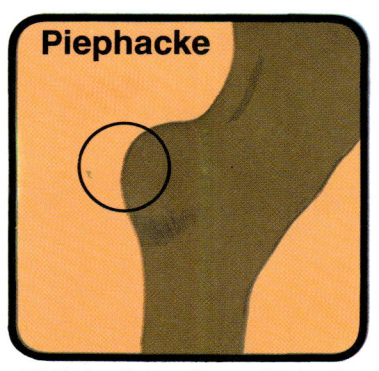

Piephacke

Häßliche Schwellung, die durch Stoß oder Schlag auf das Bein entsteht. Tut nicht weh.

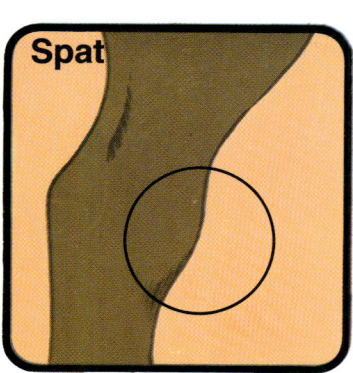

Spat

Schwellung, durch Überanstrengung verursacht. Nur gefährlich, wenn sie heiß wird.

Muskelverletzungen und Zerrungen

Sehnen sind Faserbänder, die Muskeln mit Knochen verbinden. Knochen werden durch Bänder miteinander verbunden. Wenn Pferde galoppieren oder nach einem Sprung landen, werden die Sehnen der Vorhand besonders beansprucht. Ist das Pony müde, in schlechter Verfassung oder unsanft aufgekommen, dann kann es dabei zu einer Zerrung von Sehnen und Bändern kommen.

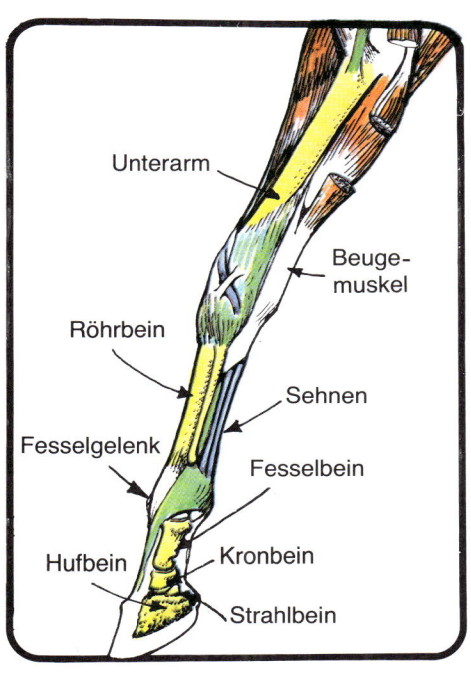

Unterarm
Beuge-muskel
Röhrbein
Sehnen
Fesselgelenk
Fesselbein
Hufbein
Kronbein
Strahlbein

Behandlung

Stoßverletzungen mit kaltem Wasser, Entzündungen mit feucht-warmen Umschlägen behandeln, die den Eiter herausziehen. Das Pony auch bei leichteren Verletzungen unbedingt schonen!

Hufschäden

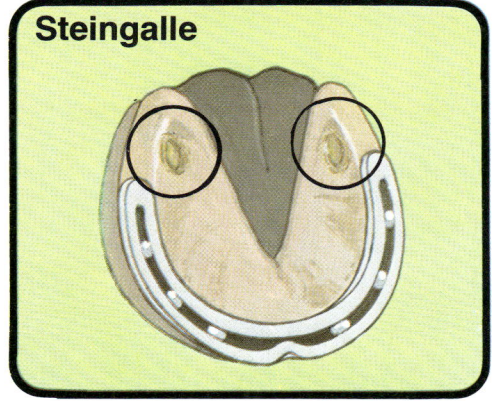

Steingalle

Spitze Steine, schlecht passende Hufeisen oder mangelnde Pflege können Verletzungen der Hufsohle in der Nähe der Hufeisenenden bewirken und Steingalle hervorrufen.

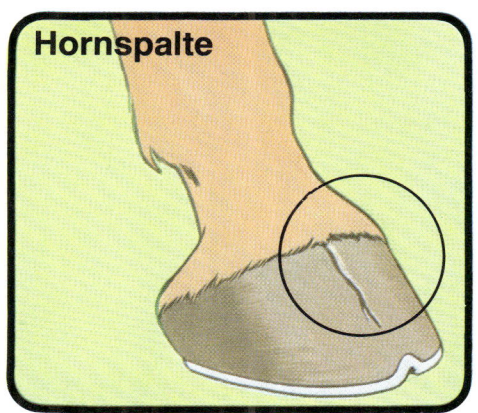

Hornspalte

Ein Schlag gegen die Krone oder eine Verletzung kann den Huf beschädigen und zu einem Riß führen. Tierarzt rufen! Risse, die von der Hufunterseite ausgehen, sind weniger gefährlich.

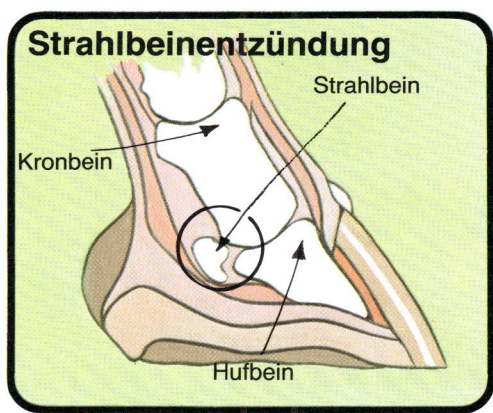

Strahlbeinentzündung

Strahlbein
Kronbein
Hufbein

Schwere Erkrankung des Strahlbeins, führt zu bleibender Lahmheit der Vorderfüße. Nicht heilbar. Man kann jedoch die Schmerzen lindern, indem man die entsprechenden Nerven durchtrennt.

Die Ausrüstung

Hier siehst du Ausrüstungsgegenstände für Pferde und Ponys. Sie müssen sorgfältig ausgewählt und angepaßt werden. Die meisten Ponys fühlen sich mit einer Trense am wohlsten, manche sind jedoch mit einem besonderen Gebiß oder Nasenriemen leichter zu reiten. Frage einen Fachmann um Rat, wenn du meinst, daß dein Pony einen besonderen Zaum braucht.

Zäume

Im wesentlichen wird auf drei verschiedene Arten gezäumt: Am gebräuchlichsten ist die Zäumung auf Trense mit einem Gebiß und einem Paar Zügel. Daneben gibt es den Kandarenzaum mit zwei Mundstücken und zwei Paar Zügeln und außerdem Zäume ohne Gebiß.

Kandare

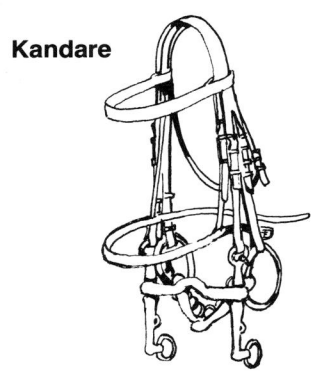

Die **Kandare** hat zwei verschiedene Gebisse: die dünne Unterlegtrense mit beweglichen Gliedern und die Kandare (auch: Stangengebiß). Sie ist starr, hat zwei lange Seitenschenkel und wird an zusätzlichen Backenstücken befestigt. Die Zügel werden in die unteren Ringe eingeschnallt. Wenn die Kandarenzügel angenommen werden, drückt die Kinnkette gegen die Kinnkettengrube.

Zaum ohne Gebiß

Zaum ohne Gebiß: Am gebräuchlichsten ist die Hackamore. Die Zügel werden an langen Seitenschenkeln eingehängt, die eine Hebelwirkung auf den besonderen Nasenriemen ausüben: Sie drücken gegen Nase und Unterkiefer und ermöglichen dadurch die Kontrolle über das Pferd.

Hannoversches Reithalfter

Beim **Hannoverschen Reithalfter** liegt der Nasenriemen tiefer als beim Englischen. Der Kinnriemen wird unterhalb des Trensengebisses um die Kinngrube geschnallt. So kann das Pony nicht das Maul öffnen und sich der Wirkung des Gebisses entziehen.

Mexikanisches Kreuzhalfter

Das **Mexikanische Kreuzhalfter** hat zwei über der Nase gekreuzte Riemen, die hinten verschnallt werden. Es vereinigt die Wirkung des höheren Nasenriemens beim Englischen und des tieferen beim Hannoverschen Reithalfter.

Aufziehtrense

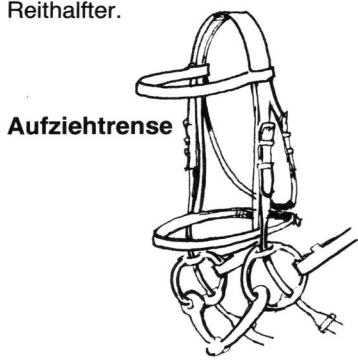

Die **Aufziehtrense** ist eine besonders scharfe Zäumung. Das Gebiß hat große Ringe. Die Backenstücke gehen durch Schlitze in diesen Ringen direkt in die Zügel über. Dadurch wird der Pferdekopf stark nach unten genommen. Zusätzlich sollte man in die Ringe noch ein weiteres Zügelpaar einhängen.

Gebisse

Es gibt für Reiten und Fahren viele verschiedene Gebisse. Am besten ist jeweils das weichste, mit dem der Reiter das Pferd noch unter Kontrolle halten kann. Zu stark wirkende Gebisse machen das Pferdemaul hart.

Spieltrense

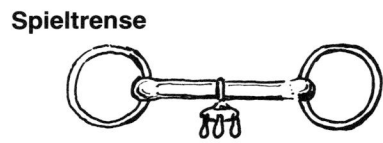

Mit der **Spieltrense** gewöhnt man junge Pferde an das Gebiß. Die Spielkette in der Mitte soll sie dazu bringen, mit der Zunge am Gebiß zu spielen und es schließlich anzunehmen.

Springkandare

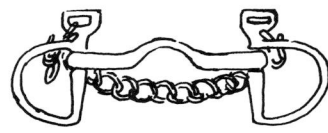

Die **Springkandare** hat ein starres Mundstück mit Zungenfreiheit, D-förmige Ringe und eine Kinnkette.

Pelham

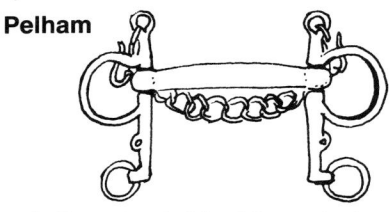

Das **Pelham** ist ein Mittelding zwischen Trense und Kandare. Wenn man die Zügel oben einschnallt, wirkt es weicher, unten haben sie eine Hebelwirkung auf die Kinnkette, wie bei einer Kandare.

Liverpool-Kandare

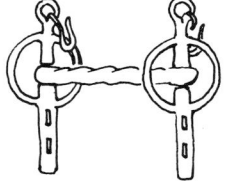

Die **Liverpool-Kandare** ist das gebräuchlichste Fahrgebiß. Die Zügel werden in die großen Ringe eingeschnallt oder durch die Schlitze gezogen und wirken dann auf das Mundstück.

Hilfszügel (Martingale)

Mit diesen Hilfszügeln wird der Kopf des Pferdes nach unten gehalten. Man verwendet sie wenn das Pferd nervös werden und seinen Kopf hochwerfen könnte – zum Beispiel beim Springen. Beim Schulreiten und bei Dressur- und Materialprüfungen sollte man sie nicht verwenden, da sie auf Ausbildungsfehler hinweisen. Sie können sogar dazu führen, daß das Pferd nach dem Abnehmen der Hilfszügel den Kopf zu hoch trägt: Es hatte sich vorher auf die Hilfszügel „gelehnt" und nimmt jetzt den Kopf hoch, weil es sie vermißt. Von den verschiedenen Hilfszügeln sind Stoßzügel und Ringmaterial am gebräuchlichsten.

Stoßzügel

Der **Stoßzügel** verläuft vom Sattelgurt aus zwischen den Vorderbeinen hindurch, durch einen Halsring (damit er nicht verrutscht) und wird hinten am Nasenriemen befestigt.

Ringmartingal

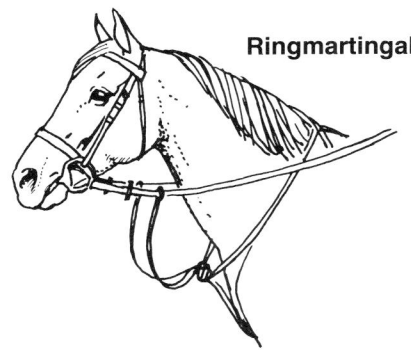

Das **Ringmartingal** ist ähnlich, teilt sich aber in zwei Enden mit Ringen, durch die die Zügel geführt werden. Nimmt das Pferd den Kopf zu hoch, dann wirkt das Martingal durch die Zügel aufs Gebiß.

Sättel

Für die verschiedenen Pferdetypen und Pferdesportarten gibt es verschiedene Sättel. Beim üblichen Schulreiten verwendet man meist einen Vielseitigkeitssattel. Fürs Turnierspringen gibt es besondere Springsättel.

Rennsattel

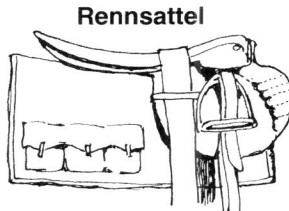

Rennsättel sind klein, flach und sehr leicht; manche wiegen nur ein paar hundert Gramm. Sie haben einen langen Sitz und kurze, weit vorgeschobene Seitenblätter, da der Jockei mit ganz kurzen Steigbügelriemen reitet. Ein zusätzlicher elastischer Gurt führt um den Pferdeleib und über den Sattel.

Dressursattel

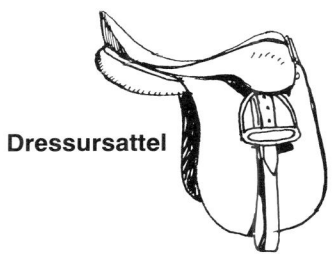

Dressursättel haben einen kurzen Sitz und lange, gerade Seitenblätter, so daß der Reiter mit langen Steigbügelriemen reiten und seine Beine möglichst eng am Pferdeleib halten kann. Die Schnallen zur Befestigung des Gurtes liegen unter den Seitenblättern.

Damensattel

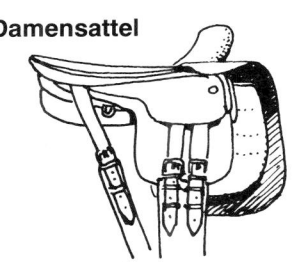

Damensättel: Diese altmodischen Sättel haben einen langen, flachen Sitz und nur auf der linken Seite ein Seitenblatt und einen Steigbügel. Die Reiterin konnte einen Rock tragen, denn sie saß mit beiden Beinen zur linken Seite des Pferdes; das rechte Knie umschloß das obere Horn.

Bein- und Sehnenschutz

Da Beinverletzungen meist durch „Streifen" oder „Greifen" verursacht werden, schützt man die Pferdebeine beim Galoppieren oder Springen häufig durch Gamaschen oder Gummiglocken.

Galoppiergamasche

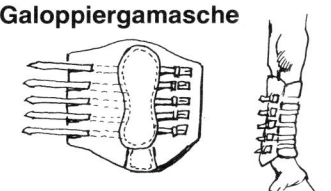 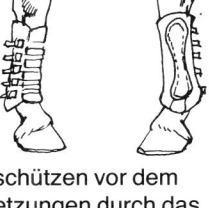

Galoppiergamaschen schützen vor dem „Streifen", also vor Verletzungen durch das gegenüberliegende Bein. Die Lederversteifung bedeckt die Innenseite des Röhrbeins und der Fessel. Sie werden mit vier oder fünf Riemen verschnallt.

Fesselkopfschoner

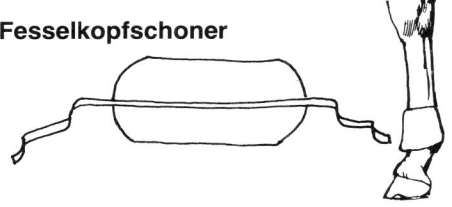

Der **Fesselkopfschoner** ist ein ovales, dickes Filzstück mit angenähtem Band. Er wird direkt oberhalb der Fessel um das Bein gebunden und oben umgeschlagen, so daß er doppelt liegt. Er schützt die hintere Fesselgegend.

Springglocke

Springglocken schützen gegen Ballen- oder Kronentritte und werden über dem Huf angelegt.

Sehnenschoner

Sehnenschoner ähneln den Streichgamaschen. Sie werden aber höher am Pferdebein angelegt, und die Versteifung liegt hier an der Rückseite des Beins und schützt die Sehnen.

Begriffserklärungen

Pferdearten

Beschäler
Vater eines Pferdes (Deckhengst).

Cob
Stämmiges Pferd mit kräftigem Körper und kurzen, kräftigen Beinen. Bis zu 1,55 m groß.

Gebrauchspferd
Leichtes Reitpferd, meist ein Vollblüter.

Hackney
Leichtgebautes Wagenpferd mit hohen Schritten.

Hengst
Männliches Pferd über 3 Jahre, wird meist nur für die Zucht gehalten.

Hengstfohlen
Junges, männliches Pferd bis zu 3 Jahren.

Hunter
Großes, kräftiges Pferd, das im Gelände gut galoppieren und springen kann. Keine eigene Rasse, hat aber meist einen Vollblut-Anteil.

Hackney

Jährling
Fohlen zwischen 1 und 2 Jahren.

Maulesel
Kreuzung eines Pferdehengstes mit einer Eselstute.

Maultier
Kreuzung eines Eselhengstes mit einer Pferdestute.

Mutterstute
Mutter eines Pferdes.

Stutenfohlen
Junges, weibliches Pferd bis zu 3 Jahren.

Wallach
Kastrierter Hengst.

Zuchtstute
Ausgewachsenes, weibliches Pferd für die Zucht.

Gebäude- und Gangfehler

Faßbeinige Stellung
Nach außen gewölbte Hinterbeine. Folge von schwachen Sprunggelenken.

Greifen
Pferd schlägt mit den Hinterhufen gegen die Vorderläufe. Kann zu schweren Verletzungen führen.

Hechtkopf
Pferdekopf mit gekrümmtem Nasenbein. Häufig bei Araberpferden.

Hirschhals
Der Unterrand des Halses ist länger als der Oberrand. Das Pferd trägt den Kopf zu hoch.

Karpfengebiß
Die Oberzähne des Pferdes stehen über die Unterzähne vor, anstatt auf diese aufzutreffen. Kann das Grasen unmöglich machen.

Karpfenrücken
Rundrücken als Folge eines fehlerhaften Rückgrates.

Knieweite Stellung
Die Vorderfußwurzelgelenke stehen weit auseinander, die Zehen sind nach innen gerichtet.

Kuhhessige Stellung
Die Spitzen der hinteren Sprunggelenke zeigen nach innen (,,X-Beine").

Ramskopf
Vorgewölbter Nasenrücken.

Schmieden
Siehe ,,Greifen".

Senkrücken
Stark eingesunkener Rücken.

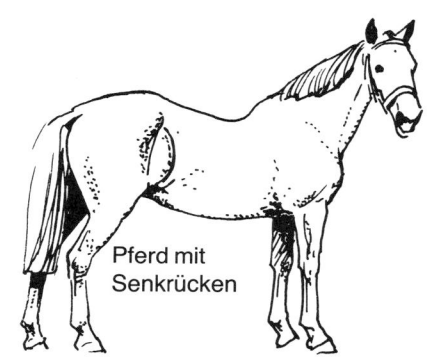

Pferd mit Senkrücken

Streifen
Das Pferd schlägt mit dem Huf gegen die Innenseite des gegenüberliegenden Laufs.

Berufe ,,rund ums Pferd"

Hufschmied
Versieht Pferde mit neuen Hufeisen.

Huntsman (engl.)
Hat bei Reitjagden die Aufsicht über die Hundemeute. Huntsman ist entweder der ,,Master" oder jemand, der eigens dazu ernannt wurde.

Lehrling
Jugendlicher, der für einen Beruf im Pferdesport ausgebildet wird.

Master (engl.)
Leiter bei Reitjagden.

Pferdehändler
Kauft und verkauft berufsmäßig Pferde.

Huntsman mit Hundemeute

Pferdemetzger
Schlachtet Pferde und verkauft Pferdefleisch.

Pferdepfleger
Versorgt und bewegt Pferde.

Pikör
Gehilfe von ,,Master" und ,,Huntsman" bei der Reitjagd und im Zwinger.

Reitlehrer
Gibt Reitunterricht.

Tierarzt
Behandelt kranke Tiere. Manche Tierärzte sind auf Pferde spezialisiert.

Trainer
Berät Reiter bei der Vorbereitung von Pferden auf die verschiedenen Wettbewerbe.

Weitere Fachausdrücke

Aalstrich
Dunkler Haarstreifen entlang des Rückgrates bei Falben.

Bang (engl.)
Pferdeschwanz, der unten – meist direkt unterhalb der Sprunggelenke – gerade abgeschnitten ist.

Dämpfigkeit
Unheilbares Leiden mit starken Atembeschwerden, Folge von Lungenerkrankungen. Das Pferd hustet hohl. Es soll angefeuchtete Nahrung erhalten und darf nur leicht bewegt werden.

Deckenschnitt
Siehe „Scheren".

Fasanenschweif
Seitlich ausgedünnter Schweif, der in einer Spitze endet.

Fischauge, Glasauge
Ein Pferdeauge, das nicht braun, wie üblich, sondern rosa oder blau aussieht. Es beeinflußt die Sicht meist nicht.

Hartmäuligkeit
Die Laden des Pferdemauls sind so hart geworden, daß es den Druck des Gebisses nicht mehr spürt. Folge von schlechtem Reiten oder von zu scharf wirkendem Gebiß.

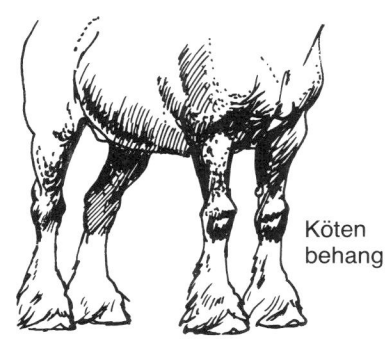

Köten behang

Jagdschnitt
Siehe „Scheren".

Kötenbehang
Behaarung der Fesseln.

Rohes Pferd
Junges, noch unausgebildetes Pferd.

Scheren
Damit das Pferd nicht zu stark schwitzt und dadurch an Gewicht verliert oder sich mit nassem Fell erkältet, wird das Winterfell ganz oder teilweise geschoren. Man kennt verschiedene Arten der Schur:

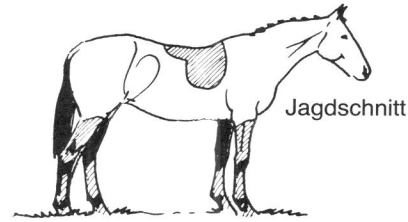

Jagdschnitt

Das Fell wird an Kopf, Hals, Schultern, Bauch und Oberschenkel geschoren: Deckenschnitt.
Das Fell wird bis auf Beine und Sattellage völlig abgeschoren: Jagdschnitt.
Das Fell wird völlig abgeschoren: Vollschur.

Schnellputz
Morgendliches Putzen des Pferdes bei aufgelegter Decke. Man bürstet nacheinander Vorder- und Hinterhand jeder Seite und schlägt dabei nur einen Teil der Decke zurück, damit das Tier nicht auskühlt.

Sommerwunden
Das Pferd reibt sich am Mähnenkamm und in der Schweifgegend wund. Wird wahrscheinlich durch Insektenstiche verursacht.

Stehmähne
Kurz geschorene Mähne.

Sterngucker
Ein Pferd, das den Kopf so hoch hält, daß es den Weg nicht sieht. Meist Folge eines zu scharfen Gebisses.

Stollen
Kleine Metallstifte, die in spezielle Löcher im Hufeisen eingeschraubt werden. Sie verhindern, daß das Pferd beim Springen oder bei scharfen Wendungen auf weichem Boden ausrutscht.

Striegeln
Gründliches Putzen mit der Kardätsche, vorwiegend abends. Anschließend werden die Muskeln mit einem Strohwisch massiert.

Verzogene Mähne
Durch Ausziehen der unteren Haare ausgedünnte und kurz gehaltene Mähne.

Verzogener Schweif
Die langen Haare zu beiden Seiten der Schweifrübe werden ausgezogen, damit der Schweif oben dünn wirkt.

Vollschur
Siehe „Scheren".

Untugenden

Ausschlagen
Damit verteidigt sich ein Pferd. Vielleicht wehrt es sich gegen schlechte Behandlung, vielleicht verteidigt es auch nur sein Futter.

Bocken, buckeln
Das Pferd schlägt, meist im Übermut, mit beiden Hinterbeinen aus.

Durchgehen
Das Pferd nimmt das Mundstück zwischen die Zähne, gerät außer Kontrolle und galoppiert davon. Meist Folge von schlechtem Reiten.

Koppendes Pferd

Fuchteln
Das Pferd schwingt beim Vorwärtsgehen mit den Läufen nach außen.

Koppen, Krippensetzen
Das Pferd hält sich mit den Zähnen an einem Gegenstand fest und schluckt dabei geräuschvoll Luft. Das kann zu Lungenschäden führen.

Schleichen
Das Pferd hebt beim Gehen die Füße nicht hoch genug.

Schnappen
Das Pferd schnappt nach der Hand oder der Kleidung von Menschen, oft weil es einen Leckerbissen erhofft.

Verweigern
Das Pferd weigert sich, in die vom Reiter gewünschte Richtung zu gehen, geht stattdessen häufig sogar rückwärts. Läßt sich mit viel Geduld überwinden.

Weben
Kopfschaukeln bei Stallpferden. Häufig eine Folge von Langeweile. Weben wird von anderen Pferden nachgeahmt.

Register

Abbildungsnachweis
S. 10: Whitbread & Co. Ltd.; S. 11: U. S. Travel Service;
S. 12–15: E. D. Lacey; S. 16, 17, 18 oben: B. Langrish;
S. 18 unten: W. Ernst; S. 19 oben links: Van der Slikke;
S. 19 oben rechts, unten links: B. Langrish; S. 19 unten
rechts, 20, 21: E. D. Lacey; S. 22 oben, unten links:
B. Langrish; S. 22 unten rechts, 23 unten: P. Roberts;
S. 23 oben: J. Meads; S. 24, 25: Fiona Vigors Ltd.;
S. 26: Colorlabs International; S. 27 oben: Racing
Information Bureau; S. 27 unten: Wallis Photographers;
S. 28, 29: Österr. Bundesministerium für Land- und
Forstwirtschaft.